JN098643

国際契約の英文法

English Grammar for
International Contracts

中村秀雄

NAKAMURA, Hideo

［著］

日本評論社

はじめに

—— これからの時代の国際契約書を目指して

　法律文書をわかりやすい英語で書こうという 'Plain English Campaign' が英米ですでに1960年代に始まっているのに、契約書をはじめとして法律文書の多くは、いまだに19世紀、20世紀の古色蒼然とした英語と大きくは変わらない英語で書かれ、その形式も古いものを踏襲しているのが現実です。もちろん契約書は、会話の言葉ではなく文章語で書かれるものですし、その対象は法的事項なのですから、形式的な文章になったり、見慣れない言葉が出てくることは否定できません。それにしても、現状がこれでよいと思っている人はいないでしょう。にもかかわらず改革の歩みは遅々としています。

　国際契約書の構成や形式は理解したが、実際に契約書を書き出してみると、主語を何にすべきか、助動詞は 'shall' か、'will' か、はたまた 'must' にすべきか、時制は現在形にすべきか未来形にすべきか、仮定法の文章はどう書けばよいのか、といった基本的文法に関することで迷ったあげくに、結局、書式集や既存の契約書をもってきて、自らの状況に合うように名前と数字を入れ替えて済ませた、といった経験をお持ちの方がきっといらっしゃるに違いありません。

　本書は『国際契約の英文法』と題されています。「文法」という言葉を辞書で調べてみると、「言葉と言葉のつながりなどを指す」という、一般的に使われる意味のほかに、もう少し広く、「文章を作るときのきまり、作法」というような意味が挙げられています。法律文書には「文法」のこれら両方の意味において検討しなければならない点があると思われます。

　本書はこのような問題意識に立って、企業や国際的組織の法務部門、法律事務所などで、英文の契約書の検討、作成業務にあたっている方のために、実際の契約書からとられた例文を材料として、国際契約書を英文法、作文法の見地から考え、どうすればこれからの時代に即したものにしていけるかの指針を示そうとしたものです。国際取引契約書へのアレルギーが少しでも解消し、読みやすい法律英文書の作成についてのヒントを得ていただければ幸いです。

実例・文例について

- ◉ 契約書の実例は主に US Securities and Exchange Commission の The new EDGAR advanced search[1]、FindLaw[2]、お よ び onecle Business Contracts from SEC Filings[3]の 3 つのサイト（いずれも無料で公開されています）から収集しました。ただし、例として適切なものにするために、一部を削除したり、改変を施してあるものもあります。
- ◉ 文頭以外で、大文字で書き始められている語句は、その契約書などの中で定義されて、そのように記すとされているものです。
- ◉ 下線は、強調の趣旨で、わかりやすくなるように筆者が付したものです。
- ◉ 実例、文例の和訳はわかりやすいことを第一としているので、必ずしも直訳・逐語訳にはなっていません。

二重下線（＿）と〈→〉について

　実例・文例の中の助動詞、および助動詞を含む語句の使い方には、明らかに修正を要するものや、一般的にそう使われることも少なくないものの、実は検討を要すべきことがあると思われるものが少なくありません。そこで、例文中のその個所での中心的な論点となっていない部分に、そのような用例がある場合には二重下線（＿）を付して、簡単に手直しできるものは〈→……〉として改定案を示しておきました。

　ただし改定案は唯一のものではありません。またこれがよいと思われる直し方が、現状と乖離していると思われる場合は、現状で受け入れられる改定にとどめました（その場合、例文の和訳は改定したものに基づいています）。

　英文法律文書を読んだり書いたりするにあたっては、文法のほかに語彙の問題があります。これについては英文法律文書特有の表現を集めて解説した拙著

1　https://www.sec.gov/edgar/search/#
2　https://corporate.findlaw.com/contracts.html
3　https://www.onecle.com/

『国際交渉の法律英語——そのまま文書化できる戦略的表現』（英文監修：野口ジュディー）（日本評論社、2017年）が参考になりますので、ぜひあわせてご覧ください。

　本書の出版にあたっては、上掲の前著に続いて日本評論社第一編集部の室橋真利子氏に大変お世話になりました。国際契約を長年にわたって扱っていたため、筆者が気がつかなくなっていた点をはじめ、細かく指摘していただいたことに特記して感謝いたします。

中村秀雄

小樽商科大学特認名誉教授

参考文献

- 井上義昌編『英米語用法辞典』（開拓社、第 5 版、1964年）
- 井上義昌編『詳解 英文法辞典』（開拓社、第10版、1976年）
- 大塚高信編『新英文法辞典』（三省堂、第12版、1965年）
- 齋藤秀三郎〔中村捷訳述〕『実用英文典』（開拓社、2015年）
- 千葉修二『英語の仮定法——仮定法現在を中心に』（開拓社、2013年）
- 中野清治『英語の法助動詞』（開拓社、2014年）
- 中野清治『英語仮定法を洗い直す』（開拓社、2016年）
- 早川武夫『法律英語の基礎知識』（商事法務、1992年）
- 平野晋『国際契約の〈起案学〉——法律英語の地球標準』（木鐸社、2011年）
- 安井稔『英文法総覧』（開拓社、改訂版、1996年）
- 山田巌『英文法講義』（研究社、第15版、1964年）

- Butt, Peter *Modern Legal Drafting A Guide to Using Clearer Language*
  （Melbourne, Cambridge University Press, 3rd ed, 2013）
- Collins Cobuild *English Grammar*（London, HarperCollins, 1990）
- Dickerson, Reed *The Fundamentals of Legal Drafting*
  （Boston, Little Brown, 1965）
- Doonan, Elmer, Foster, Charles *Drafting*
  （London, Cavendish Publishing, 2nd ed, 2001）
- Garner, Bryan A *The Elements of Legal Style*（New York, OUP, 1991）
- Garner, Bryan A *A Dictionary of Modern Legal Usage*
  （New York, OUP, 2nd ed, 1995）
- Murphy, Raymond *English Grammar in Use*
  （Cambridge, Cambridge University Press, 2nd ed, 1994）
- Quirk, Randolph, Greenbaum, Sidney *A University Grammar of English*
  （Harlow, Longman, 1973）
- Rylance, Paul *Legal Writing & Drafting*（London, Blackstone, 1994）

第3章 | 助動詞

第4章　副詞

第5章　仮定したり、条件設定をする表現

第1章

主語

１．契約書の文章に主語は必要なのか

　そもそも契約書の文章に、主語は必要不可欠なのだろうか。主語に焦点を定めて、日本語と英語の相違をみることから始めよう。

　最初に日本のある鉄道会社の「旅客営業規則」をとりあげて、主語についてどのような傾向があるかみてみよう。これは約款であって一般的な意味での契約書ではないが、鉄道会社と顧客の間の約束ごとを記した法律文書という意味で変わることはない。規則では会社を「当社」と定義している。しかし規則をみていくと、「当社」が条文の意味上の主語であるのに、明文で書かれていないものが少なくない。これは主語を書くことなく文章を完結できるという、日本語の特徴にも裏づけられたことである。

> 第26条
> 　旅客が、列車に乗車する場合は、次の各号に定めるところにより、片道乗車券、往復乗車券または連続乗車券を発売する。

　「発売する」という動詞の主語は「当社」なのだが、明文では書かれていない。もう１つ主語の書かれていない例を挙げておこう。

> 第44条
> 　団体旅客に対しては、前条の規定によるほか、次の各号の区分に従って運送の引受けを行い、団体乗車券を発売する。

　規定の趣旨から明らかである限り、主語を書かずにおくことがよくわかる。

　日本語では、主語はあるのだが、わかり切っていると思われるときは、法律的文書ですら主語を書かずに済ませることが少なからずある。

　比較のために英文契約書の本家本元である、イギリスの鉄道運送業者に適用される National Rail Conditions of Travel[1] のいくつかの条項を抜き出してみて

1　https://www.nationalrail.co.uk/National%20Rail%20Conditions%20of%20Travel.pdf

みよう。

The key responsibilities of Train Companies ('we') are:
- Prior to departure and during your journey, we will make available information that will help you to plan and successfully complete your journey on the National Rail Network.
- We will make available clear information about the range of Tickets to help you make a well-informed choice about the most appropriate and best value Ticket for your journey.
- If things go wrong, we will, in the circumstances set out in this document below, refund your Ticket, pay you compensation, make sure you get home by another means of transport or provide you with overnight accommodation.

「運行会社（以下「我々」という）の主な責任：
- あなたの旅行の前、そして旅行中に、我々はあなたが National Rail Network を使って旅行を計画し、成功裏に終わることができるよう、情報を提供しなければならない。
- 我々は、あなたが自分の旅行に最適で、最も価値のある切符を、よく理解して選択できるように、どのような種類の切符があるかわかりやすい情報を提供しなければならない。
- もし何か不都合があったときは、本書に記載のある状況に該当する限り、我々はあなたの切符の払戻しに応じ、あなたに補償を行い、代替手段をもってあなたが帰宅できるよう手配するか、あなたに宿泊施設を提供しなければならない。」

The key responsibilities of passengers ('you') are:
- You must purchase, where possible, a valid Ticket before you board a train service on the National Rail Network.
- You must look after your Ticket and present it for inspection when asked by a member of rail staff.
- You must use your Ticket in accordance with the specific terms and conditions associated with it (for example, your Ticket might be

restricted to certain routes or certain times).

「旅客（以下「あなた」という）の主な責任：
- あなたは可能なときは、National Rail Network の列車を利用する前に、有効な切符を購入しなければならない。
- あなたはあなたの切符を管理し、係員が尋ねたときは検札のために提示しなければならない。
- あなたはあなたの切符に係る条件（例えば、あなたの切符は路線や利用時間に制限があるかもしれない）に従って、切符を使わなければならない。」

　このように、日本語なら省略するであろう場合も必ず主語が書いてある。英語は命令文などでもない限り、主語を必ず書くという点で、日本語と異なる種類の言語であるから、そうしかできないわけである。
　これらの違いは日本語の契約書と英語の契約書にも、同じように当てはまるもので、これから英文契約書を書くにあたって記憶しておくべきことである。

2．実際の契約書の例

　日本では法律的文書にすら主語が書かれないことがあることがわかったが、さすがに契約書では主語は普通の文書よりは頻繁に出てくる。手元にある資料から、いくつかの条文例を抽出して見てみる。続いて類似の英文契約条項の実例を挙げて見てみよう。
　まず最初は、売買契約の例である。日本語の契約条項でも、義務を負う主体を明示している。

第 1 条（目的）
　売主は、買主に対し、売主製造の商品を継続的に売り渡し、買主は、これを買い受ける。

英文契約条項ではいうまでもない。

Article 1. Sale and Purchase
1.1.　During the term of this Agreement, the Seller agrees to sell and

deliver and <u>the Buyer</u> agrees to purchase, take delivery of and pay for the Products on the terms and conditions and at the price hereinafter set forth.

「第1条　売買

1.1　本契約の期間中、本契約に定められた条件および価格にて、<u>売主</u>は商品を売却して、引き渡し、<u>買主</u>は商品を購入し、引渡しを受け、かつ代金を支払うことに合意する。」

次に、支払に関する条項を並べて見てみよう。

第5条（代金支払）

<u>買主</u>は商品の代金を、売主に支払う。

英語の例には次のようなものがある。

5.　Invoices and Payment

5.1　<u>Buyer</u> shall pay the amounts indicated in the invoice for the Products delivered by Seller.

「第5条　請求書と支払

5.1　<u>買主</u>は売主によって引き渡された商品に対して、請求書に示された金額を支払わなければならない。」

次の例は、日本語では明白な場合には、主語が省略される例である（〔　〕で補ってある。以下も同じ）。

第6条（保証金）

<u>買主</u>は、本契約上の債務を担保するため、金〇〇万円也の保証金を本日差し入れ、売主は、これを受領した。

保証金には利息を付せず、〔売主は〕本契約終了後、買主の本契約上の債務を清算した残額を返還する。

英文契約から同様の定めを探してみよう。ここでは、各文章に必ず主語が置

かれている。

> Tenant shall deliver to Landlord $200,000 as a security deposit. Tenant shall not be entitled to 〈→ is not entitled to〉 interest on such deposit.
> 「賃借人は家主に20万ドルを保証金として引き渡さなければならない。賃借人はこの保証金に発生する利息に対しては何の権利も持たない。」

　日本語の契約文で、わかり切った主語が省略されている例をもう1つ見ておこう。

> 第 8 条（損害金）
> 　買主が期限の利益を喪失したときは、〔買主は〕本契約上の債務全額に対し、喪失の翌日から支払済みに至るまで年○○分の割合による遅延損害金を支払う。

　対応する英文の例では遅延損害金を支払う義務を負う者が、明文で示されている。

> Article 6. Interest
> 6.4　In the event of a default by the Buyer in the payment of any instalment of the Contract Amount, accrued interest thereon or any other sum payable hereunder when the same becomes due and payable, the Buyer shall pay interest on such amount in default from the date of default up to and including the date of actual payment thereof at the rate of ten percent（10%）per annum.
> 「第 6 条　金利
> 6.4　買主が契約金額の分割払金、利息、または本契約上支払うべき金額を、弁済期に支払うことを怠った場合は、買主は当該金額に対して支払の日から、実際に弁済を行う日まで年率10%の割合による利息を支払わなければならない。」

　訳文の2つめの「買主」は、日本語なら省略しても全く問題ない。英語との違いがよくわかる。
　一方的な通知などにおいては、主語が明らかであるとして、省略されること

があるのは当然であろう。「土地売買契約書解除通知書」を見てみよう。

> 通知書（売主発信）
>
> 　私は、貴殿との間で、令和○○年○○月○○日、左記土地の売買契約を締結し、貴殿より手付金として金○○円を受領しました。
>
> 　右契約は、いまだ履行の着手前であるところ、都合により〔私は〕右契約を解除いたします。
>
> 　なお、〔私は〕手付金の倍額に相当する金○○円は本日貴殿宛に送金致しました。

　この通知書は売主が出すものなので、何も書かなくても主語が売主であることは明白である。省略されている2個所の「私は」は、なくても解釈に影響はない。しかし、英語ではそうはいかない。

> 　I give you notice that：
>
> 　I will rescind the contract and return the deposit of £1,000 paid by you in exchange for the abstract of the documents delivered to you in connection with the sale.
>
> 　「私は以下のとおり、貴殿に通知する：
>
> 私は契約を解除し、売却に関して貴殿に引き渡した『書類』の要約の返還と引き換えに、貴殿の支払った手付金1,000ポンドを返却する。」

　この中で契約解除と、手付金返還を日本語の「通知書」と同じように次のような2つの文章に分けたとしたら、当然2番目の文章にも主語が要求される。

　I will rescind the contract. I will return the deposit of £1,000 paid by you in exchange for …

　このように英語の契約書の文章では、日本語なら省略される主語も必ず書かれているのである。

3．何を主語にすればよいのか

⑴　主語は当事者にする

　では英文契約書では、主語を一体何にすればよいのだろうか。物事を文章化するときには、色々な角度から見ることができる。登場人物から見ることも、他人の目で見ることも、出来事から見ることも可能である。

　しかし契約書は権利・義務を表す書類である。そして契約書作成の大切な目的は、万が一紛争になったときに、裁判官、陪審員、調停人や仲裁人といった、当事者とも、その取引とも何の関係もない第三者に、一見して正確に自分の権利・義務をわかってもらうための証拠書類を作成するということである。

　そのためには契約文章の主語は当事者にする方がよい。なぜなら、主語を当事者にすれば、当事者にどんな権利があるか、どんなことをする義務があるかが、最もよくわかるからである。

　手始めに、検討の余地のある例から見てみよう。次の規定はライセンス契約の中で、被許諾者に目的外使用を禁ずる旨を定めたものである。

　<u>This license</u> does not authorize any use other than that which is expressly set out herein.

　「本ライセンスは本契約に明文で記載あるものを除いて、いかなる使用の権限も付与するものではない。」

　「誰が」「誰に」ということは文面では全く出てこないが、日常的に契約書を見ている人には、言わんとしていることはわかる。この規定の起草者の関心事は、「ライセンスの範囲」であったようだ。そのために「本ライセンス」が主語になったのである。

　それはそれで間違ってはいないが、当事者の権利・義務を明白にするという視点から見ると、被許諾者が許諾外の使用をしたときに、直接的に被許諾者に違反を指摘することのできる規定、許諾者にとって最も抗議しやすい書き方がしてある文章の方がずっとよい。上の文章はその意味では間接的な書き方である。

　被許諾者に目的以外の使用を禁ずるというなら、被許諾者を主語にして明白
な禁止の規定とする方がずっと直接的な文章ができる。

　　The Licensee may not use the Intellectual Property for any purpose
other than that which is expressly set out herein.
　「被許諾者は知的財産権を、本契約に明文で記載ある以外のいかなる用途にも
使用してはならない。」

　ライセンス契約になじみのない読者にとっても、この方が、誰が誰にどんな
義務を負っているかが一読して頭に入ってきて、わかりやすい。
　当事者以外のモノを主語にすると、何となく法律的文章には見えるが、当事
者を主語に据えれば、ずっとわかりやすい文章ができる。以下の数例も同様で
ある。

　　All Products ordered by the Distributor shall be packed for shipment
and storage in accordance with the Manufacturer's standard commercial
practices.
　「代理店の注文するすべての商品は、製造者の標準的取引慣行に従って、船積
みと貯蔵のために包装されなければならない。」

　これは「商品がどのような状態になるのが望ましいか」という見地から書か
れた条項である。「こうなるように関係当事者は責任を持って行動しよう」と
いうわけである。しかしこの条項が発動されるのは、売主（ここでは製造者とは
異なる）が製造者の設定した慣行に従って包装されていない商品を船積みした
ときである。その時に代理店が自分の権利、相手の義務を最も直接的に指摘で
きるためには、義務を負う売主を主語にして、次のように書けばよい。

　　The Seller shall pack all Products ordered by the Distributor for
shipment and storage in accordance with the Manufacturer's standard
commercial practices.
　「売主は代理店の注文するすべての商品を、製造者の標準的取引慣行に従って
船積みと貯蔵のために包装しなければならない。」

もう1つ、当事者を主語にした方がわかりやすくなる例を挙げておく。

<u>Branded Merchandise</u> may be sold at the Licensed Location only by Licensor or by a Person duly licensed by Licensor.
「ブランドを付した商品は、ライセンサーまたはライセンサーに許諾を受けた者のみが許諾地域で販売することができる。」

　これは世界的に有名なホテル、カジノの名前と運営権を持つライセンサーが、ある国の中の「許諾地域」と呼ばれる場所において、ライセンシーにホテル、カジノをその名前で運営する権利を与えた契約中の規定である。ところがライセンサーの商標の付いた「製品」を売る権利は、ライセンスの対象ではなく、ライセンサー、および許諾を受けた者のみが販売権を持っている、というのが規定の趣旨である。そのことをわかりやすく表現するなら次のように書き換えられる。原則を明確に宣言するためには、権利者を主語にするのである。

Only <u>Licensor or a Person duly licensed by Licensor</u> may sell Branded Merchandise at the Licensed Location.
「ライセンサー、およびライセンサーに許諾を受けた者のみが許諾地域で、ブランドを付した商品を販売することができる。」

　次の2つではいずれの当事者も、譲渡を禁止されている。最初の例は契約書を主語にし、それに続く例は当事者を主語にしている。

<u>This Agreement, and any rights and obligations hereunder</u>, may not be assigned by a Party without the prior written consent of the other Party.
「本契約、ならびに本契約下のいかなる権利および義務も、他の当事者の書面による事前の同意なくして、譲渡されてはならない。」

<u>Neither party</u> may assign its interest in this Agreement without the other party's written consent.
「いずれの当事者も他の当事者の書面による同意なくして、本契約上の権利を譲渡してはならない。」

　当事者には何ができて、何ができないのかという見地から考えるときは、当事者を主語にした2番目の方がまっすぐに言いたいことが伝わってくる。

(2)　主語は原則として義務者とする

　では、主語は当事者のどちらにすべきだろうか。権利者か義務者か。原則は、義務者である。

　ただしそのことは、その契約書における一方の当事者をいつも義務者として扱う、ということを意味するのではない。例えば売買契約上では、買主がいつも義務者であるというわけではない。商品の引渡しについては売主が義務者であり、代金の支払という見地からは買主が義務者である。ある契約の中でどの特定の当事者が義務者なのかと考えるのではなく、各々の規定の中で義務を負うのは誰かを見定めるのである。

　話は横道にそれるが、日本では法律の議論において債権・債務関係の事項を論じるときに、「債権者」を主語にすることが少なくないので、その影響からか法律文章で、英語なら債務者を主語にするところを、債権者を主語にしている例がある。まず法律そのものから見てみよう。

> 民法415条
> 　「債務者がその債務の本旨に従った履行をしないとき又は債務の履行が不能であるときは、債権者は、これによって生じた損害の賠償を請求することができる。……」
> 民法416条2項
> 　「特別の事情によって生じた損害であっても、当事者がその事情を予見すべきであったときは、債権者は、その賠償を請求することができる。」

　ある地方自治体の工事契約の書式から抜粋した次の規定は、このような考え方を反映したのではないかと思われる実例である。文中で甲は発注者、乙は工事請負人を指す。工事請負人の解除権の規定中の1項である。

> 第22条
> 2　乙は、前項の規定により契約を解除した場合において、損害があるときは、その損害の賠償を甲に請求することができる。

　これと同じことを英文で契約書に書くとしたら、義務者から見て「甲は損害を賠償する義務を負う」と書くであろう。

　とはいえ英文契約書でも債権者を主語にして書くことがないわけではない。

　The Service Provider shall 〈→ may〉 charge the Company on an hourly basis according the hourly rates outlined on Schedule A to account for each hour that any Leased Employee performs services to the Company.

　「役務提供者は派遣従業員が、毎時間提供する役務について、付表 A に示された時間給基準で、時間給を会社に請求することができる。」

　しかしこれとて、支払義務を負う会社を主語にして書くことが可能であり、上のように書くのはむしろ稀な例である。もしこのような構成にしたとしたら、その次には役務提供者の権利に基づいて、「会社は役務提供者の請求によって、役務料を支払う義務を負う」というようなことを規定する必要が出てくるだろう。それなら最初から「会社は……を払わなければならない」としておけば、ずっとすっきりする。

　実際の英文の契約書では、同じことが権利者・義務者の両面から表現できるときには、まず義務者を主語にするといってよい。誰がどんな権利を持つかよりも、どんな義務を持つかを明記した方が、履行・不履行を考え、権利の主張をするときにわかりやすいからである。

　例えば「買主が売主に対して、仕様に合致する商品の引渡しを請求できる」のは、「売主は、仕様に合致する商品を買主に引き渡す義務を負っている」からである、と考えればわかりやすいだろう。

　債務者が主語になっている規定を、実際の契約書から抽出してみよう。

　Within thirty（30）days of receiving the final results of the first Phase II Clinical Trial of the Product, Licensee shall provide to Licensor a written report summarizing in reasonable detail such results.

　「製品の第 2 相臨床試験の最終結果を受領してから30日以内に、ライセンシーはその結果を適宜詳細に要約した書面の報告をライセンサーに提出しなければならない。」

　　The Borrower shall certify to the Lenders that each of the representations and warranties in Article IV hereof is true and correct in all material respects.
　「借主は本契約4条の表明と保証のそれぞれが、重要な点において真実で間違いのないことを証明しなければならない。」

　　Tenant shall pay Base Rent with respect to Premises in the manner and at the times set forth in the Original Lease at the rates set forth below:
　「賃借人は物件について、原賃貸借契約に記載のある方法で、かつその時期に、下記の料率に基づいて基本賃料を支払わなければならない：」

　　The Company shall contribute towards the pension fund an amount equal to 19.83% of the part of the Monthly Salary.
　「会社は毎月の給与の19.83％に等しい金額を、年金基金に拠出しなければならない。」

　　You will promptly advise the Company of any inquiry or proposal made to you with respect to any of the foregoing.
　「貴殿は前述の事項のいずれかに関して、貴殿になされた問い合わせ、または提案について、速やかに会社に連絡していただくものとします。」

　最後の例は手紙形式の秘密保持契約書からとられたものなので、相手方のことを 'You' と呼んでいるが、契約であることには変わりはない。いずれの例でも義務を負う者を主語として書いており、「当事者は何をすることを期待されているのか」、そして何より「何をしなければ契約違反になるか」がよくわかる。
　もう一度、目的物と当事者のいずれもが主語になりうる場合を見て、どちらがよいか確認しておこう。

　　The Products shall conform to the Specifications.
　「商品は仕様に合致するものとする。」

　　The Manufacturer shall make the Products in accordance with the Specifications.
　「製造者は仕様に従って商品を製造しなければならない。」

　契約書としては義務者を主語にした2番目の方がずっと好ましいことがわかるだろう。最初の文章は、製造者の義務に到達するのに、もう一段階考える必要があるのである。実際の契約書には、当事者を主語にして書くことができるのに、この例のようにわざわざモノを主語していることが少なからずある。それなりの理由のない限りこうした表現は避けるべきだろう。

(3)　主語は時には権利者であることもある

　一つひとつの規定の中で義務を負うのは誰かを見定めて、義務者を主語にするのがよいと書いたが、もちろん規定の内容によっては、権利者からしか見られないものもある。このような場合は、権利者を主語にする。
　次の例はローン契約からとられた条項で、貸主に金銭の使途を監督する権利を与える比較的めずらしい規定で、性質からして貸主にしか適用されない。

　　Loans shall be used for the following purpose, and the Borrower shall not use it for other purpose without the written consent from the Lender. The Lender shall be entitled to 〈→ may〉 supervise use of the loan.
　「貸金は以下の目的だけに使われるものとし、借主は貸主の書面による同意なく、これをその他の目的に使ってはならない。貸主は貸金の使途を監督する権利を有する。」

　次の規定はOEM製造委託契約中の契約期間に関するものであるが、更新する権利（ここでは購入者だけに与えられている）を考えることはできるが、それに対する相手方の義務というものがあるわけではない。

　　The Purchaser has the option to renew this Agreement for periods of one（1）year each, upon 30 days prior written notice to the Supplier.
　「購入者は供給者に30日の事前通知を出すことによって、この契約を1年ごとに延長するオプションを有する。」

次の例も同じ契約書からのもので、権利者（ここでも購入者である）はいても義務者はいない。

> The Purchaser may cancel Order（s）or any portions thereof for any reason by notifying the Supplier in writing prior to the scheduled delivery date.
> 「購入者は予定引渡日以前に供給者に書面の通知をすることによって、理由の如何を問わず注文の全部、またはその一部を取り消すことができる。」

次の3つの規定では「当事者」でありさえすれば、いずれの当事者も権利者になれる。しかし相手方を義務者と捉えて、主語として書くことができないことは、上のいくつかの例と同じである。

> Either party may forthwith terminate this Agreement, if the other party commits a material breach of its obligations under this Agreement.
> 「いずれの当事者も、相手方が本契約の義務の重大な違反を犯した場合は、本契約を直ちに解除できる。」

> If the force majeure event lasts for more than 120 days, either party shall have the right to 〈→may〉 terminate this Contract by giving a written notice to the other party.
> 「もし不可抗力事由が120日を超えて継続するときは、いずれの当事者も相手方に書面の通知を与えた上で、本契約を解除することができる。」

> If a dispute arises, the two Parties shall resolve the dispute through consultation. If no agreement is reached, either Party shall have the right to 〈→ may〉 file an application for arbitration.
> 「もし紛争が発生したときは、両当事者は当該紛争を交渉によって解決しなければならない。合意ができないときは、いずれの当事者も仲裁の申立てをする権利を有する。」

⑷　人以外の「モノ」「こと」を主語にする場合

　中には義務者どころか、当事者のいずれをも主語にできない場合がある。また当事者が誰であるかということがあまり関係のない場合もある。このような場合は、当事者以外の「モノ」や「こと」を主語にすることも許される。

　「モノ」「こと」に対して何かを規定する場合は、当事者は主語にならない。次の例を見てみよう。

　This Distribution Agreement shall commence 〈→ commences〉 on the Execution Date and shall continue 〈→ continues〉 in full force and effect until 31 December 2030.

　「本代理店契約は締結日から始まり、2030年12月31日まで有効に存続する。」

　この条項には義務者も権利者も不在で、有効期間という客観的なことを述べているだけである。この場合は無生物を主語にせざるをえない。

　次の例はよく見かける仲裁条項であるが、仲裁地がどこか、仲裁規則は何かというのは当事者の権利・義務の問題ではない。単なる合意された指定地、規則というだけである。

　The arbitration shall take place in Wilmington, Delaware, and shall be conducted in accordance with the provisions of ABC Arbitration Rules and Procedures.

　「仲裁はデラウェア州ウィルミントンで行われるものとし、ABC 仲裁規則、および手続の規定に従って行われるものとする。」

　次の例は、最初は当事者間で「供給契約（Supply Agreement）」を結んだが、当事者の関係が発展して「代理店契約（Distribution Agreement）」を締結することになったという経緯で、代理店契約の中に挿入された条項である。「モノ」が主語になっている。

　In the event there is a conflict between this Distribution Agreement and the Supply Agreement, this Distribution Agreement shall control and

prevail〈→ controls and prevails〉.
「本代理店契約と供給契約に相違があった場合は、本代理店契約が優先する。」

　この規定も権利・義務の問題ではなく、2つの契約書の間の優先順位ということだから、主語は契約書にならざるをえない。
　一般的に事実を述べるときには無生物の「モノ」「こと」を主語にする。良い例は「何は何である」と定義する場合である。ある語句が「何々」を意味する、というのだから主語はいつも事物であるといってもよい。仮に定義する対象が人であっても、定義条項の中では、その人はどのような存在かを説明するだけである。定義条項中では人も「モノ」と同様といえる。

　"Agreement" shall mean〈→ means〉this Asset Purchase Agreement together with all of the Schedules and Exhibits attached hereto.
　「『契約書』とは本資産買収契約書、および本契約書のすべての付表、添付書類をいう。」

　"FTC" shall mean〈→ means〉the U. S. Federal Trade Commission.
　「『FTC』とは米国連邦取引委員会をいう。」

　資産売却契約、ローン契約、土地の売買契約などによく出てくる「表明と保証」条項の中では、柱書の部分（「誰々は以下のとおり表明、保証する」という部分）は表明・保証する当事者の義務・責任を表すが、その表明、保証事項として列挙されている事項は、主語が人であれ、モノであれ事実の叙述、内容の客観的な記載である。

　5. Borrower represents and warrants as follows: …
　5.1　Borrower and each of its Subsidiaries is duly existing and in good standing in its jurisdiction of formation …
　5.5　All consolidated financial statements for Borrower and any of its Subsidiaries delivered to Bank fairly present in all material respects Borrower's consolidated financial condition and Borrower's consolidated results of operations.

　「5．借主は次のように表明、かつ保証する：……

　5.1　借主、およびそのどの子会社も設立地において適法、かつ瑕疵なく存続している……

　5.5　銀行に引き渡した、借主、およびそのどの子会社の連結財務諸表も、重要な点すべてにおいて、正しく借主の連結財務状況、および借主の連結の事業の結果を表している。」

　次の例は準拠法の規定である。解釈する者に、契約を解釈するにあたっては、ニューヨーク州法に拠ることを指示、要求する条項だが、対象者は当事者のほかに、この契約の解釈を任される仲裁人、裁判官と無数に存在する。誰でも解釈にあたってはその指示に従わなければならないが、特定の者を主語にして書こうとしても無理だし、そもそも誰であっても構わない。そこで、「……するものとする」という形で無生物を主語にして書く。約束事の確認、といってもよい。

　<u>This Agreement, including all matters relating to the validity, construction, performance and enforcement thereof</u>, <u>shall be</u> ⟨→ is⟩ governed by the laws of the State of New York.

　「本契約は、その有効性、解釈、履行、および執行を含めて、ニューヨーク州の法律に準拠する。」

　次の例も同様で、対象が誰であるかということは問題ではない。

　<u>The section numbers and captions appearing in this Agreement</u> are inserted only as a matter of convenience.

　「本契約書中の条項番号および見出しは、便宜のためだけに置かれたものである。」

　この規定はすべての人に向けられた注意書きであり、特定の当事者に義務を負わせるという趣旨のものではない。無理に義務者を想定して「本契約書を読む者は、条項番号および見出しを、便宜のためだけに置かれたものとして読まなければならない」といったような、もって回った言い方をするのはかえって

読みやすさの障害になるだろう。

⑸　人か、「モノ」「こと」のどちらを主語にしてもよいこともある

　実際の契約書を見ると、当事者を主語にできるのに、「モノ」や「こと」を主語にしていることが少なからずあるが、基本的に、当事者を主語に書くことが勧められることは、すでに述べたとおりである。しかし、時には判断が微妙な場合もある。

　例えば規定の叙述の流れの中で、主語を統一した方が読みやすいと思われるときには、「モノ」や「こと」を主語にすることがある。次の条項は利息に関する規定で、「利息」が主語になっている。しかし、よく考えてみると借主の義務を書いているのだから、借主を主語にして書くことが可能であり、この文章だけを抽出すればその方がよいといえる。

> Interest shall be 〈→ is〉 payable on the 1st day of each quarter at the following rate per annum:
> 「利息は次の年利率において、各四半期の初日に支払日がくる：」

義務者を主語にして書き換えると以下のようになる。

> Borrower shall pay interest on the 1st day of each quarter at the following rate per annum:
> 「借主は次の年利率において、各四半期の初日に利息を支払わなければならない：」

ところがこの規定の直前に次の定めがあったとしたら、主語を同じにしておく方が円滑に理解できるといえる。

> Interest shall accrue 〈→ accrues〉 from the date of each Advance at a variable rate per annum equivalent to the One Month LIBO Rate, plus 3.00％.（Interest shall be 〈→ is〉 payable on …）
> 「利息は各貸出から1か月 LIBOR に3％を足した、変動金利率で発生する。」

　もっともこの規定にしても、借主は変動金利率で利息を支払う義務を負う、と構成することも可能ではある。

　このように、実際の契約書では、当事者を主語にして書けるのに、種々の理由から「モノ」や「こと」を主語にしていることが少なからずある。そのことの善し悪しは、その文章だけからでは判断できない。

　Seller's supply of Products shall be controlled by the Supply Agreement which remains in effect except as otherwise modified. In the event there is a conflict between this Distribution Agreement and the Supply Agreement, this Distribution Agreement shall control and prevail 〈→ controls and prevails〉.

　「売主の商品供給は、別途変更される部分を除いて有効に存続するところの供給契約によるものとする。本代理店契約と供給契約に相違があった場合は、本代理店契約が優先する。」

　最初の文章は「売主は供給契約に従って商品を供給しなければならない」という構成にすれば、義務者を主語にして書くことが可能である。また「供給契約が売主の商品供給を支配するものとする」と考えれば、供給契約を主語しても書ける。

・Seller shall supply Products in accordance with the Supply Agreement which remains in effect except as otherwise modified.
・The Supply Agreement which remains in effect except as otherwise modified controls Seller's supply of Products.

　このように複数の選択肢があるときに、どれが最も目的に沿うかは、明確さ、読みやすさのほかに、当事者がこのことにどのような意義を見出しているか、どの部分を強調したいと思っているか、前後の規定との関係でわかりやすさはどうか、などの要素を勘案して考えるべきである。考えるヒントは、「人は文頭の主語を見てその後の展開を考える準備をする」ということである。この例でいえば、まず目に入る主語は次のとおりである。

・Seller's supply of Products

・Seller

・The Supply Agreement which remains in effect except as otherwise modified

　当事者の関心が供給の時期、数量、方法、手順などの具体的な詳細にあるなら、最初の主語がそれに応えるだろう。当事者の権利・義務を考えるなら2番目が素直に入ってくる。3番目の主語はどの契約書が、という問いに答えようとしたものだが、現状では長過ぎて、肝心の内容に入るまでに注意力、記憶容量が満杯になってしまいかねない。その意味では内容より長さの面から不適切である。

　次の例は強調する目的で、わざと異なる主語を使っているものである。文の前半と後半は実質的には同じことをいっているのだが、念のために2通りの言い方をしている。主語を変えて、異なる見地から表現しているわけである。

　The Information shall be kept strictly confidential and the Licensee shall not disclose the same to any third parties.

　「情報は厳重に秘密に扱うものとし、被許諾者はこれをいかなる第三者にも漏洩してはならない。」

　次の例も類似の例である。

　Loans under this Contract shall be used for the following purpose, and the Borrower shall not use it for other purpose without the written consent from the Lender.

　「本契約上の貸金は以下の目的に使われるものとし、借主は貸主の書面による同意なく、その他の目的に使ってはならない。」

　これらの場合はどちらの主語を使うことにも、等しく理由があるといってよいだろう。

⑹　否定語が付いた語を主語に用いる

　さてここまでは人、モノ、ことを問わず、肯定的な内容の例を紹介してきた。

　しかし、時には規定の内容が「禁止規定」のように否定的であることもある。
　1 人の主語に対して、禁止の意を表すなら、次のようにすればよい。

　　Party A may not vote affirmatively for the proposal.
　　「当事者 A は提案に賛成票を投じてはならない。」

　では、複数の主語に対して禁止の規定を作るには、どうすればよいか。当事者を主語にするということから、次のようにすればよいのだろうか。

　　All Parties may not vote affirmatively for the proposal.
　　「すべての当事者は提案に賛成票を投じてはならない。」

　しかしこれでは正確さを欠く。'all' を 'not' で否定した場合には、部分否定になるおそれがある。つまり全員で賛成票を投じることはできないが、全員未満なら誰かはそうしてもよい、という解釈が可能だからである。もう少し日常的な例を挙げると

　All of them are not happy.

　――というと、「全員が幸せなわけではない。中には幸せな者もいないではない。残りの者は不幸せである」という意味になる。そこで契約書ではあらぬ誤解を招かないように、次のように否定語が付いた語を主語にする。

　　Neither Party may vote affirmatively for the proposal.
　　「いずれの当事者も提案に賛成票を投じてはならない。」

　'neither' は、普通は当事者が 2 人のときに使われる。3 人以上に使われることもあるが、3 人以上、つまり「いかなる当事者も……ならない」という場合は普通は次のようにする。

　　No Party may vote affirmatively for the proposal.
　　「いかなる当事者も提案に賛成票を投じてはならない。」

「いかなる当事者も」というと、何となく‘any Party’を主語にしたくなるが、それは英語らしくない。「何も起こらなかった」というときに

<u>Anything</u> did not happen.

──とはいわずに

<u>Nothing</u> happened.

──と表現することを思い出してもらえればよい。

否定語が付いた語は禁止規定だけでなく、次のような場合にも使われる。

<u>Neither Party</u> is liable to the other for default or delay in the performance of its obligations under this Agreement, if such default or delay is due to any event beyond the non-performing Party's reasonable control.

「いずれの当事者も、不履行当事者の合理的支配を超える何らかの事由によって、不履行、または履行遅滞をした場合は、本契約上の義務の不履行や、履行遅滞に対して責任を問われない。」

<u>No failure or omission</u> by the parties hereto in the performance of any obligation of this Agreement shall be a breach of this Agreement, if the same <u>shall arise</u> 〈→ arises〉 from any cause or causes beyond the reasonable control of the affected party.

「当事者による本契約の義務の不履行、または不作為は、それが影響を受けた当事者の合理的支配を超えた事由による場合は、本契約の違反とはならない。」

最初の‘Neither Party’の例では、2人の当事者が「こちらも、あちらも」と否定され、結果的に両者が否定されている。もし当事者が3人以上なら‘No Party’とすればよい。2番目の例では不履行・不作為ということが否定されている。「いかなる不履行も不作為」も否定されているということである。

次の例も同様のことをとりあげ、そのすべてが発生も、継続もしていなければ、というのであるが、日本語で考えていたのでは、このような発想は容易に出てこない。

Only so long as <u>no Event of Default</u> has occurred and is continuing, Borrower may pay cash dividends on its stock to its shareholders.

「何らかの不履行事由が発生して、かつ継続していない限り、借主は株主に現金配当をすることができる。」

(7)　there を文頭に置く場合

文頭には当事者を置くほかに、モノ、事実、事象が主語として置かれるが、時に 'there' を主語の位置に持ってくる場合がある。契約書では 'there' は be 動詞とともに使われて「存在」を表すことが多い。契約書に限らなければ、そのほかにも次に出てくる 'live' や 'come' 'happen' 'seem' 'appear' 等の例がある。この場合、主語と述語が倒置される。文法では「予備の there」「形式語 there」等と呼ばれる。'there' そのものに意味はなく「虚辞」といわれる。

<u>There</u> lived once an old man.
「昔、ひとりの老人がおりました。」

真の主語は「老人（'old man'）」で、述語が「おりました（'lived'）」で、倒置されている。契約書でもこの構文を使うと表現しやすくなることがあって、時々使われる。be 動詞の後にくる主語は原則的に、不定の意味を表す語（'a' 'some' '（a）few' 'no'、数詞などに修飾された名詞ほか）である。定冠詞 'the' の付いた言葉はこない。

次の文章の真の主語は「ある 3 人の仲裁人（'three arbitrators'）」である。この段階ではそれが誰かはわからない。

<u>There</u> shall be three arbitrators.
「仲裁人は 3 人とする。」

この文章を 'three arbitrators' を頭に置いて書こうとしたら、かなり、工夫を要する。'there' を使えば簡潔な文章が書ける。

次の例は雇用協約中の有給休暇に関する規定である。

<u>There shall be</u> 〈→ are〉 two vacation periods: January through June

(first period) and July through December (second period).
　「2つの休暇期間を置く：1月から6月（第1期）と7月から12月（第2期）」

　仮定文の条件節（「もし……のときは」の部分）には、'there' を使った例が頻繁に見られる。

　If <u>there</u> <u>shall be</u> 〈→ is〉 any change in the Common Stock of the Company through merger or reorganization, the restrictions contained in this Agreement <u>shall apply</u> 〈→ apply〉.
　「もし合併、再編等で会社の普通株に何らかの変更がある場合は、本契約に定められた制限が適用される。」

　If <u>there</u> is a conflict between the employee handbook and this Agreement, the terms of this Agreement <u>shall govern</u> 〈→ govern〉.
　「もし従業員手帳と本契約書に相違がある場合は、本契約書の諸条件に従う。」

　これらの文章は倒置されている主語と述語を元に戻しただけでは、文章にならない。各々次のように、動詞を工夫した上で、少し並べ替える必要がある。

　If <u>any change occurs</u> in the Common Stock of the Company through merger or reorganization, the restrictions contained in this Agreement apply.
　If <u>a conflict arises</u> between the employee handbook and this Agreement, the terms of this Agreement govern.

　'if' の否定形の 'unless' も条件節を導入するので、この文型が使える。

　Unless <u>there</u> is a contractual provision to the contrary, the agreements of the shareholders accepted in a shareholders' meeting will be adopted.
　「契約上の異なる定めがない限り、株主総会で可決された株主の合意が採用されるものとする。」

　条件節を含めて、上のいくつかの例では 'there' に続く部分が肯定的な文章であったが、(6)で触れたように実質上の主語が 'no' に率いられて出てくる場

合も少なくない。こうすると「……がない」という趣旨が明確に伝わってくる
良さもある。次に挙げる諸例はいずれも真の主語は否定的である。

> Borrower represents that <u>there</u> is no charge or encumbrance on the assets.
> 「借主は、資産についてはいかなる担保も負担もないことを表明する。」

仲裁条項の中で、仲裁判断については、裁判所に見直しを要求することができ
ないことを、次のように表現することがある。

> <u>There</u> <u>shall be</u> 〈→ is〉 no right of review in court.
> 「裁判所で審査を求める権利はない。」

次のような表現もある。

> The parties agree that <u>there</u> shall be no appeal from the arbitrator's decision.
> 「仲裁人の判断については、上訴（審査手続）はできないことに合意する。」

次の規定は契約が終了した場合の当事者の責任を述べたものである。

> In the event of the termination of this Agreement, this Agreement shall forthwith become void, and <u>there</u> shall be no liability on the part of any Party hereto.
> 「本契約が終了した場合は、本契約は速やかに無効となるものとし、本契約の
> いずれの当事者にもいかなる責任もないものとする。」

次の文章は差別的扱いを禁ずる労働協約の中の規定である。これも代わりの
動詞を探して書き換えない限り、真の主語を文頭に持ってきては書きにくい。
'there' を使って書くことに意味のある規定であるといえる。

> <u>There</u> shall be no discrimination in applying wages, conditions of

work, work rules and other phases of labor relations.

「給与支払、労働条件、労働規約、およびその他の労使関係の面の適用におい
て、差別があってはならないものとする。」

(8) 隠れた主語

契約書の文言の中には、隠れた「意味上の」主語を持つ言葉が使われること
がある。ここで意味上の主語とは、条文中に動作や判断を示す語が出てきて、
そうするには実はそうする主体がある、という場合のその主体を指す。次の例
を見てみよう。

The Manager may employ persons as may be <u>necessary</u> or <u>appropriate</u>
for the conduct of the Company's business.

「マネージャーは会社の営業を行うのに必要、または適当な人材を雇用するこ
とができる。」

人材が 'necessary' 'appropriate' かどうかは誰かが判断して初めて決まる。
ここではマネージャーかもしれないし、会社かもしれない。どういう場合に判
断の主体を文中に明示すべきかが、ここでの検討の主題である。

判断の主体を明確にした例から見てみよう。

Party A will provide Party B information <u>Party A deems necessary</u> to
develop test programs for the Products.

「当事者 A は、商品のテスト・プログラムを開発するのに、当事者 A が必要
だと考える情報を、当事者 B に供給しなければならない。」

一般的に必要だというのでもなく、また当事者 B がそう思うのでもなく、
当事者 A がそれを必要と考えるのだ、ということを 'Party A deems
necessary' と書くことによって明確にしている。こうすることによって、当事
者 A は情報提供が自分の裁量の範囲内であることを確保することができる。
なお 'deem' という言葉は固い言葉で、ニュアンスは少しずつ異なるが、
'consider' 'think' 'judge' 等の言葉で置き換えられる。

このように動作・判断などを表す語に、意味上の主語を明文で補っておくこ

とは、契約書作成においては非常に大事なことである。次の例も意味上の主語を明示したものである。

The Company may require the Recipient to furnish or execute such other documents as <u>the Company shall reasonably deem</u> 〈→ reasonably deems〉 necessary.

「会社は、会社が合理的に必要だとみなすその他の書類を、提出または作成することを受領者に要求することができる。」

ここでは必要性に加えて、合理性についても判断の主体は会社であることが明示されている。

次の例でも必要性、適切性の判断の主体が明らかにされているが、その判断は当事者の一方的な裁量によってなされうることを、'its sole discretion' を加えることによって、さらに明らかにしている。

The Board or the Committee, to the extent <u>it deems necessary or advisable in its sole discretion</u>, reserves the right, but <u>shall not be</u> 〈→ is not〉 required, to unilaterally amend or modify this Agreement.

「取締役会、または委員会はその専らの裁量に基づいて必要、または適切と考えられる範囲で、一方的にこの契約を修正、変更する権利を留保する、ただしそうする義務はない。」

これらの例からわかるように、契約に出てくる多くの形容詞・副詞にはその隠れた主語を考えることができる。それを明文で書き表すかどうかは、内容、契約形態、当事者の力関係など多くの要素によって決まってくるが、書ければ書いておく方が契約書としての明確さを確保することができる。

もちろん中には、自明のこともある。次の規定中の 'necessary' は、会社のみの使用・利益という記述から、その判断の主体が会社であることは容易にわかる。

The Director agrees to take all steps <u>necessary</u> to ensure that all Confidential Information is kept confidential for the sole use and benefit of the Company.

「取締役はすべての機密情報が会社のみに使用され、およびその利益になるように、秘密に保たれるようなすべての必要な方策を取ることに合意する。」

　次の例では必要性は当事者の判断というより、規制上要求されるためであると考えられるので、ことさら主語を補う必然性はないだろう。

The Contractor warrants and represents that it now has and will maintain throughout the term of this Agreement all <u>necessary</u> permits and licenses to perform any work required under this Agreement.

「請負人は本契約上のすべての仕事を履行するに必要な許可、およびライセンスを現在取得していること、および本契約の期間中維持することを保証し、表明する。」

　次の例も同様、法令・規則などの外的要素が主たる関心事である。ただこの場合は少し特殊で、必要と判断するのは全契約当事者の一人ひとり（'Each Party'）なので、誰が判断するか明記したとしても、特に個別の当事者の裁量権の確認や補強にはならない。

Each Party hereby agrees to take all such action as may be <u>necessary</u> to effectuate fully the purposes of this Agreement, including causing this Agreement to be duly registered, notarized, consularized and stamped in any applicable jurisdiction.

「各当事者は、本契約を適用ある国、地域において適法に登録し、公証を取得し、査証を取得し、そして印紙を貼付するなどして、本契約のすべての効果を実現するのに必要な、あらゆることを行うことに合意する。」

　上の3つの例では隠れた主語が表面に明記されていなくても、契約運用上は支障があるとは思えない。
　中にはその主語を書きたくても書けない、書いたのでは契約の成立が覚束ない、あえて書かないことが求められるといった場合も存在する。

　　This Agreement may be terminated by either party if the other party is
in <u>material</u> breach of any <u>material</u> term or obligation of this Agreement.
　「もし他方当事者が本契約の重要な条件、または義務の重大な違反をした場合
は、当事者は本契約を解除することができる。」

　これはよく見られる解除条項の一節である。'material' という言葉が 2 回使
われている。解除権を行使するためには重要性とともに、重大性を判断する必
要がある。重要・重大であると判断するのはいうまでもなく解除する側である。
ではそのことを「解除する側の当事者が重要と判断する条件等について、解除
する当事者が重大と考える違反があった場合」と明示すべきだろうか。それは
非現実的なことである。相手方が「そのような、恣意的に運用されかねない条
項は受け入れられない」と抵抗すると思われるからである。付け加えれば、こ
のような双方向に適用される規定の場合、あまりきつくし過ぎると、自分が不
履行をしたときに、かえって自分の首をしめることになるということも考えて
おく必要があろう。

　もちろん書いても書かなくても、もし一方当事者が解除したのに対して、相
手が重要性・重大性の判断を争えば、結局は契約外の第三者である仲裁人や、
裁判官がそれを決めるということになる。

　とはいえ、この種の規定をある程度客観化して、定義しようと努力したと思
われる例もある。

　　"<u>Material</u> Breach" means a failure of performance of an obligation
under an Individual Contract which can be <u>deemed</u> to be <u>significant</u>
enough to give the aggrieved party the right to make use of the
respective rights provided for in this Agreement and under applicable
law. A minor divergence from the terms of this Agreement <u>shall not</u>
⟨→ does not⟩ constitute a Material Breach.
　「『重大な契約違反』とは、そのことが、相手方に本契約、および適用される
法のそれぞれの下で与えられる権利を援用する権利を与えるほど重大だとみな
されるような、個別契約上の義務の不履行をいう。本契約からの軽微な逸脱は、
重大な契約違反にはならない。」

　これが客観的かどうかは判断の分かれるところであろう。'material' の定義の中に、まず 'can be deemed to be' という、誰が主体で行うことなのかわからない、焦点の定まらない言葉が出てくる。これは 'is' で置き換えればすっきりする。しかしまだ、'significant' という判断を要する語が、もう1つ出てくる。これでは振出しに戻ってしまったともいえそうである。

第2章

動詞

1．当事者が何をするかが動詞を決める

　当事者を主語に選んだら、その次にその当事者がどんなことをするかを表す動詞を選ぶことになる。売買契約なら当事者は「売る」「引き渡す」「支払う」、ローン契約なら「貸す」「返す」といったことをする。いくつかの典型的な契約形態をとりあげて、当事者がどんなことをするか考えてみよう。

①　売買契約

　売買契約では、目的物の引渡しと、代金の支払が主な義務である。その過程でどんなことが起こるだろうか。

　Seller agrees to <u>sell</u> to Buyer, and Buyer agrees to <u>purchase</u> from Seller the Aircraft.
　「売主は買主に飛行機を売ることに合意し、買主はこれを買い受けることに合意する。」

　The Seller shall <u>deliver</u> the Products.
　「売主は商品を引き渡さなければならない。」

　In case the seller cannot <u>ship</u> the above goods, the seller shall so notify the buyer.
　「売主が上述の商品を船積みできない場合は、売主は買主にそう通知しなければならない。」

　If the Manufacturer determines such Products do not meet the warranty, the Manufacturer will, at its option, <u>repair</u> or <u>replace</u> the Products.
　「その商品が保証を満たさないと製造者が判断したら、製造者はその選択に従って、当該商品を修理するか交換しなければならない。」

Customer may <u>order</u> Products and related services by sending the Company a written purchase order.

「顧客は、会社に書面の購入注文を送ることによって、商品と関連の役務を注文することができる。」

The Buyer shall <u>pay for</u> the Products.

「買主は商品に対して支払をしなければならない。」

②　代理店契約

代理店契約は、代理店の任命と継続的売買契約が組み合わされたものである。特徴的な部分は任命に関する条項である。

Subject to the terms and conditions contained herein, the Company <u>appoints</u> the Distributor and the Distributor <u>accepts</u> its appointment as the exclusive distributor of the Products in the Territory.

「本契約の諸条件に従って、会社は代理店を地域における商品の総代理店に任命し、代理店は任命を受諾する。」

Distributor agrees to use its best efforts to <u>promote and market</u> the Products to the maximum number of customers in the Territory.

「代理店は地域の最多数の顧客に商品を販売するために、最善の努力を尽くすことに合意する。」

The Distributor shall <u>provide</u> all of the usual and customary services of a distributor, which shall include without limitation the following:

「代理店は以下に例示されたような代理店の通常の、かつ慣習的なサービスを行わなければならない：」

Distributor shall <u>order</u> Products from Manufacturer by <u>submitting</u> a written purchase order identifying the Products ordered, requested delivery date（s）and any export/import information required to enable

Manufacturer to <u>fill</u> the order.

　「代理店は注文商品、希望引渡日、および製造者が注文に応じるために要求されるすべての輸出／輸入関係の情報を記した書面の購買申込書を提出することによって、製造者に商品を注文しなければならない。」

　契約とは多くの場合何かの提供を受けて、それに対して対価を支払うものである。提供するという行為については、それなりに異なる動詞が必要だが、支払うという行為については、契約形態にかかわらず 'pay' で済むことが多い。

---

③　ライセンス契約

　次に出てくる動詞は、ライセンス契約だけの "専売特許" ではないが、ライセンス契約によく使われるものである。

　Licensor <u>grants</u> to Licensee, and Licensee hereby <u>accepts</u> from Licensor, an exclusive, royalty-bearing license to develop, make and sell the Products in the Territory during the Term.

　「ライセンサーはライセンシーに、本契約期間中、契約地域内で商品を開発、製造、販売するための、排他的、ロイヤルティー支払義務付きのライセンスを供与し、ライセンシーは茲許（ここもと）これを受け入れる。」

　Licensee shall <u>pay</u> to Licensor an aggregate of Seven Million Dollars (US$7,000,000) in non-refundable license fees within ten (10) business days after invoice is received by Licensee.

　「ライセンシーは、請求書を受領したら10日以内に、総額700万ドルの返還不能なライセンス料を支払わなければならない。」

　Licensee shall <u>notify</u> Licensor immediately of any information it obtains concerning any third party's infringement on any patent right or other proprietary right of Licensor.

　「ライセンシーは、ライセンサーの特許権、またはその他の専有権の第三者による侵害について、何らかの情報を得た場合は、ライセンサーに直ちに通報し

なければならない。」

---

④ 役務提供契約

次の動詞が役務提供契約によく見られるものである。

Service Provider hereby agrees to <u>provide</u> the Company <u>with</u> the services of those employees listed on Schedule A.
「役務提供者は付表 A に記載された従業員の役務を、会社に提供することに茲許合意する。」

Consultant agrees that during the course of this Agreement and for a period of one（1）year immediately following the termination of this Agreement, Consultant will not <u>serve</u> as an advisor, consultant, director, employee, officer, or otherwise of any business in competition with Company's business.
「コンサルタントは、本契約の期間中、および本契約終了後 1 年間は、助言者、コンサルタント、取締役、従業員、役員等として、会社の営業と競合関係にあるいかなる事業のためにも働かないことに合意する。」

Party B shall <u>pay</u> a consulting fee to Party A equal to 30% of Party B's annual net profit（the "Consulting Fee"）.
「当事者 B はその年間純利益の30％に等しい金額（「相談料」）を、相談料として当事者 A に支払わなければならない。」

Party B agrees to <u>reimburse</u> Party A for all necessary expenses in relation to performing this Agreement.
「当事者 B は、当事者 A が本契約の履行に関して必要とする、費用一切を負担することに合意する。」

⑤　ローン契約

ローン契約の基本は、貸付けおよび元本の返済と利息の支払の合意である。

> The Lender agrees to <u>make</u> loans (individually, a "<u>Loan</u>" and, collectively, the "<u>Loans</u>") to the Borrower.
> 「貸主は借主に貸付け（個別に 'Loan'、包括して 'Loans'）をすることに合意する。」

> During the availability period described below, the Bank will <u>provide</u> a line of credit to the Borrower.
> 「下記の資金貸出可能期間に、銀行は借主に与信枠を供与しなければならない。」

> On the Maturity Date, the Borrower shall <u>repay</u> to the Lender the principal amount of the Loan.
> 「満期日に借主は貸主に貸金の元本を返済しなければならない。」

借主は借りた金銭を返すので、上記のように動詞は 'repay' を使う。これに対して利息は時の経過に伴って初めて元本の上に発生するものを払うので、次のように単に 'pay' という動詞を使う。

> The Borrowers hereby promise to <u>pay</u> to the Lender interest on the unpaid principal amount of the Loan.
> 「借主は未払いの借入金に対して、利息を支払うことに合意する。」

⑥　企業買収契約

資産買収と株式買収という 2 通りの形がある。最初の例が資産買収、次の例が株式による買収である。

Seller agrees to <u>sell and transfer</u> to Buyer, and Buyer agrees to <u>purchase and acquire</u> from Seller all of Seller's right, title and interest in and to the following assets of Seller which are used in the conduct of the Business (the "Acquired Assets").

「売主は、売主が営業を行うために使用する下記の資産（「取得資産」）に対する、売主の一切の権利、および権原を買主に売却し、移転することに合意し、買主は売主からこれを購入し、取得することに合意する。」

Upon the terms and subject to the conditions set forth in this Agreement, at the Closing, Purchaser shall <u>purchase</u> from Seller, and Seller shall <u>sell, assign, transfer and deliver</u> to Purchaser, the Shares.

「本契約に定めるところによって、クロージングに買主は売主から株式を購入し、売主は、買主に株式を売却、譲渡、および引渡ししなければならない。」

対価の支払が現金による場合は、買収形態によって動詞が異なるわけではない。この後に買収監査の結果による調整などが続くが、特に特徴的な動詞があるわけではない。

Purchaser shall <u>pay</u> in cash to Seller or its designee the Purchase Price.

「買主は現金で、買収価格を売主またはその被指名人に支払わなければならない。」

株式交換等による場合は、専門的、かつ複雑になるのでここではとりあげない。

2．一般条項に使われる動詞

一般条項と呼ばれる、契約書では後半に位置する条項の主語は、当事者のことも「モノ」「こと」の場合もあるが、それなりに決まった動詞が使われ、あまり契約内容を問わないといってよい。

①　補償する：Indemnify

当事者の損失等を補償する約束である。‘Indemnity Clause’ と呼ばれる。極めて定型的な動詞が使われる。

> The Vendor hereby <u>indemnifies</u> the Company from all and any action, damages, costs and expenses arising in connection with the alleged infringement of the IP rights of any other party due to use or sale of the Products.
>
> 「売主は、商品の使用、または販売に起因する、第三者の知的財産権の侵害の申立てに関して生じる一切の訴訟、損害、および費用に関して、茲許会社を補償する。」

‘indemnify’ という語は「迷惑がかからないようにする、あらかじめ火の粉を払う」という含みを持つ言葉で、契約締結時から直ちに義務が発生するので、上の例のように助動詞を用いず、動詞の現在形が使われる。‘indemnify’ だけのこともあるが、‘hold … harmless’ と組にされることも多い。意味は同じと考えてよい。

> Seller hereby <u>indemnifies</u> and <u>holds</u> the Purchaser <u>harmless</u> from any claim for compensation by the Company.
>
> 「売主は会社からの賠償の請求に関して、買主を補償し一切迷惑がかからないようにする。」

もちろん ‘indemnify’ は「迷惑がかかった後で填補をする」ことも含むので、対象事項が起こったときの義務として、次のように使われることもある。

> The Seller shall <u>indemnify</u> the Company against all Losses in respect of any act or omission on the part of the Seller.
>
> 「売主は売主の作為、または不作為に係って発生した、会社のあらゆる損失を補償しなければならない。」

　丁寧に両方の時点を視野に入れて書いた例が次の規定である。‘indemnify’ が2回出てくる。補償の対象に請求や訴訟なども含まれているので ‘defend’ が付け加わっている。‘agree to’ は上例のように ‘shall’ と置き換えることもできる。

> Purchaser hereby <u>indemnifies</u> and agrees to <u>indemnify</u>, <u>defend</u> and <u>hold</u> Seller <u>harmless</u> from and against any and all liens, claims, causes of action, damages, liabilities and expenses arising out of Purchaser's inspections or tests permitted hereunder.
>
> 「買主は、本契約で許された買主による検品、または検査から発生すべきあらゆる担保権、請求、訴訟、損害、責務、および費用に関して、売主に一切迷惑をかけず、売主を補償、防御し、迷惑をかけないことに合意する。」

②　解除する：Terminate

　契約の解除条項（'Termination Clause'）では、「解除」の意味で ‘terminate’ が使われることが多い。

> The Company may <u>terminate</u> this Agreement without cause under Section 5.1（A）, or with cause under Section 5.1（B）.
>
> 「会社は5.1（A）項に従って何らの理由なく、または5.1（B）項に挙げた事由の発生を理由に、この契約を解除することができる。」

> This Agreement may be <u>terminated</u> in its entirety by either Party immediately upon the occurrence of any of the following events:
>
> 「以下のいずれかのことが起こった場合は、本契約は、いずれの当事者によっても、直ちに全部解除されうる：」

　‘cancel’ は一般的には、「取り消す」「撤回する」という意味合いで使われる言葉だが、「契約を終了させる」という意味で使われることも時にはある。使われる頻度は ‘terminate’ よりずっと低い。

In the event of any of the following events, Party A may <u>cancel</u> this Contract.

「以下のいずれかの事由が起こったときは、当事者 A はこの契約を解除できる。」

If Distributor breaches this Section, the Company reserves the right to <u>cancel</u> this Agreement.

「代理店が本条に違反した場合は、会社は本契約を解除する権利を留保する。」

'rescind' という言葉もしばしば、解除を意味する言葉として使われるが、厳密にいえば正しくない。本来この言葉は相手方の表明（'representation'）が正しくない場合（'misrepresentation'）に、そのことを理由に契約を解除することを意味するからである。

次の規定は、このことをわきまえて使っている例である。

The Parties expressly represent that in entering into this Agreement they knowingly waive any right to <u>rescind</u> or <u>avoid</u> this Agreement based upon presently existing facts, known or unknown.

「当事者は本契約を締結するにあたって、知っているか、いないかを問わず、契約締結時に存在する事実〔が表明と異なること〕を理由に、本契約を解除、または終了する権利の存在を知悉した上で、これを放棄することを明示で表明する。」

表明事項と事実の相違があったときに、それを理由に解除する（この場合に 'rescind' を使うのが正しい）権利を放棄する、それも知っているかどうかを問わない、つまり表明事項には異議を唱えない、という合意をしているのである。なお 'avoid' は「国際物品売買契約に関する国際連合条約」（通称「ウィーン売買条約」）で、「解除」の意味で使われている用語であるが、今のところ広くそのように使われるには至っていない。

以下の 2 例はいずれも 'rescind' を 'terminate' と同義で使っている。最初の例は、契約違反をした当事者は、相手方に罰金を払う旨の規定に続く条項である。

　The payment of the penalty <u>shall</u> 〈→does〉 not affect the rights of the non-breaching party to require the breaching party to make compensation for losses or continue the performance of this Agreement, or to <u>rescind</u> this Agreement.

　「罰金の支払は、相手方の当事者が損害の補償を請求したり、本契約の履行を継続したり、または本契約を解除する権利にいささかも影響しない。」

　次の例では 'rescind' 'terminate' 'cancel' の３つの言葉を使い分けているように見えるが、'rescind' を契約違反の際に使う用法は適切ではない。後の２つは同義語を並べているにすぎない。

　This Agreement may be <u>rescinded</u> and the transactions contemplated hereby may be <u>terminated</u> or <u>cancelled</u> if any Party materially breaches this Agreement and the non-defaulting Parties elect to <u>rescind</u> this Agreement.

　「本契約は、いずれかの当事者が本契約の重大な違反をし、違反の相手方当事者が解除することを選択した場合は、解除され、かつ本契約に想定された取引は終了されうる。」

　契約書の作成にあたって、'rescind' を通常の「解除する」の意味で使うことは避けるべきであろう。
　時々 'repudiate'（履行拒絶）という言葉を「解除する」という意味で使う例があるが、正しくない。この語は契約違反、中でも重大な契約違反を犯すことを表し、解除権を行使する側から使うものではない。

---

③　不可抗力（Force Majeure）条項において使われる動詞

　不可抗力事由が生じたときには一定の条件下で、当事者は契約の不履行から免責されることを定めるものである。「免責」と「妨げられる」ということをどのように表現するかに、色々な工夫がある。まず当事者を主語にした規定の動詞を見てみよう。

　　Neither Party <u>shall be</u> 〈→ <u>is</u>〉 liable to the other for default or delay in the performance of its obligations under this Agreement, if such default or delay <u>shall be</u> 〈→ <u>is</u>〉 <u>caused</u> directly or indirectly by events beyond the non-performing Party's reasonable control, including …

　「いずれの当事者も、直接、または間接に例えば以下のようなその合理的支配を超える何らかの事由が原因で、本契約上の義務の履行を怠ったり、履行遅滞をしても、責任を問われない……」

　　Supplier <u>will not be</u> 〈→ <u>is</u> not〉 <u>liable</u> for any delay in performance under this Agreement <u>caused</u> by any act of God or other cause beyond Supplier's reasonable control and without Supplier's fault or negligence including …

　「供給者は天変地異、もしくはその他供給者の合理的な支配を超えた例えば以下のような事由により、かつ供給者の過誤、もしくは過失もなく、本契約の履行を遅延した場合は、責任を負わない……」

'be liable' は 'be held liable' ということもある。

　　<u>Each</u> 〈→ A/Either〉 party <u>shall be</u> 〈→ <u>is</u>〉 deemed not to <u>be in breach</u> of this Agreement, nor otherwise <u>be liable</u> to the other by reason of any delay in performance, or non-performance, of any of its obligations hereunder to the extent that such delay or non-performance <u>is due to</u> any Force Majeure.

　「いずれの当事者も、履行遅滞、または不履行が何らかの不可抗力事由による限りにおいて本契約違反とみなされてはならないし、また本契約中の何らかの義務の遅滞、または不履行を理由として責任を問われない。」

　この例で使われている 'each' については検討する必要がある。'each' という言葉は形の上では単数であるが、複数の人間の集合を念頭に置きながら、その一人ひとりについて言及することによって、結果として全員について述べる言葉である。「それぞれの」といったニュアンスである。'each party' は、簡単にいえば 'everyone' である。しかし不可抗力によって履行を妨げられた当事者

の免責は、影響を受けた当事者だけに与えられれば十分で、全員を指す言葉は不適切なので、該当者だけに適用できるよう、上のように直しておいた。

　ところで本例では 'shall' が人に付いている。後に説明するように[1]、'shall' は人に付くと義務を表す。しかしそう考えたのでは、本例では意味をなさない。ここでは「本契約違反とみなされてはならない」という原則を宣言するために 'shall' が使われているのである。この用法は「立法」の 'shall' というもので、多くの場合は「モノ」「こと」に使うのだが、時には人に使われる[2]。しかし「立法」の 'shall' は無節操に使われ過ぎており、本当に必要であるとき以外は、使用を避けるべきである。本例では使わなくても済むので、上のように直しておいた。

　また視点を変えて次のように書き換えることもできる。原文は入り組み過ぎており、この方がわかりやすい。'deemed to be' もなくてもよい。なおここで 'either' や、その否定形である 'neither' という言葉は、甲乙どちらでもよいが、どちらか適用のある一方当事者を指す言葉である。

Neither party <u>is</u> deemed to be <u>in breach</u> of this Agreement, nor otherwise <u>is</u> <u>liable</u> to the other by reason of …

　次の例では「免責される」「妨げられる」という部分に上と違った動詞が使われている。'each' については上に述べたことが当てはまる。

<u>Each Party shall be</u> 〈→A Party <u>is</u>〉 <u>excused</u> from the performance of its obligations under this Agreement to the extent that such performance is <u>prevented</u> by force majeure.
　「いずれの当事者も、履行が不可抗力によって妨げられている限り、本契約下の義務の履行から免責される。」

　次の例は、「こと」を主語にした例である。すぐ上の例は 'excuse' を当事者について使っていたが、この例は遅延・不履行について使っている。

1　第3章「2．'shall' の用法　(1)人が主語のとき──'shall' は『義務』を表す」参照。
2　第3章「2．'shall' の用法　(3)規則を『宣言』するための 'shall'」参照。

Any delays in or failure by either Party in performance of any obligations hereunder <u>shall be</u> ⟨→ is⟩ <u>excused</u> if and to the extent <u>caused</u> by such occurrences beyond such Party's reasonable control, including …

「いずれの当事者の本契約の義務履行の遅延、または不履行も、それが当該当事者の支配を超えた例えば以下のような事由による場合は、免責される……」

次の例は否定語が付いた語を主語に使っていることと、「こと」を主語にしていることが特徴である。

No failure or omission by the parties hereto in the performance of any obligation of this Agreement <u>shall be</u> ⟨→ is⟩ <u>a breach</u> of this Agreement, nor <u>shall</u> ⟨→ does⟩ it <u>create any liability</u>, if the same <u>shall arise</u> ⟨→ arises⟩ from any cause or causes beyond the reasonable control of the affected party, including …

「当事者による本契約の義務の不履行、または不作為は、それが例えば以下のような影響を受けた当事者の合理的支配を超えた事由による場合は、本契約の違反とはならず、またいかなる責任も伴わない……」

次の例では当事者による履行を主語にして、履行できないこと、履行が妨げられることなどを動詞で表現している。

If the performance of any part of this Agreement by either party is <u>prevented</u>, <u>restricted</u>, <u>interfered with</u> or <u>delayed</u> by reason of any cause beyond the reasonable control of the party liable to perform, the party so affected <u>shall be</u> ⟨→ is⟩ <u>excused</u> from such performance to the extent of such prevention, restriction, interference or delay.

「もしいずれかの当事者による、本契約のいずれかの部分の履行が、履行義務を負う当事者の合理的支配を超えた事由によって、妨げられ、制限され、妨害され、または遅延された場合は、影響を受けた当事者は当該妨げ、制限、妨害、または遅延の限りにおいて履行の義務から免れる。」

④　契約を譲渡する：Assign

　'Assignment Clause' といいならわすが、大抵は譲渡を制限、または禁止するので、'Non Assignment Clause' とも呼ばれる。

> Party A may not <u>assign</u> any of its rights or <u>transfer</u> any of its obligations hereunder without the prior written consent of Party B.
> 「当事者 A は、当事者 B の事前の書面による同意なく、本契約上の権利を譲渡し、または本契約上の義務を移転してはならない。」

　権利の譲渡は 'assign'、義務の移転は 'transfer' のように読めるかもしれないが、次の例のようにいずれの言葉も権利・義務の両方について使われうる。対象も決まったものがあるわけではなく、契約、権利、義務、株式、土地、知的財産権等多くのものに、広く使われる。順序は 'assign' が 'transfer' の前にあることが多い。

> Neither Party may <u>transfer</u> or <u>assign</u> this Agreement nor the rights and obligations hereunder without the prior written consent of the other Party.
> 「いずれの当事者も、相手方の事前の書面による同意なく、本契約、または本契約下の権利、もしくは義務を移転、または譲渡してはならない。」

　もう 1 つ例文を見ておこう。

> Seller may not <u>convey</u> and <u>assign</u> or <u>delegate</u> any of its rights or obligations hereunder absent the prior written consent of the Trustees.
> 「売主は受託者の事前の書面による同意なく、本契約上の権利、または義務を移転、譲渡、または委譲してはならない。」

　'convey' は土地について使われることが多いが、この例ではそうではない。ほかに株式や知的財産権、物の所有権等に使われた実例もある。この例は 3 つ

の語をまとめて、権利・義務を目的語としていると読めるほか、'assign and transfer' が 'rights' に係り、'delegate' が 'obligations' に係っているとも読める。

　実際、'delegate' は義務・責任を他人に移転することとして使うことが多い。明白に分けて使っている例を挙げておこう。なお 'dispose of' は 'assign' 'transfer' 以外の方法による処分を想定している。

> Distributor may not, by way of assignment or otherwise, <u>transfer</u> or otherwise <u>dispose of</u> any rights or <u>delegate</u> any obligations under this Agreement without the prior written consent of Supplier.
> 「代理店は、譲渡またはそれ以外を問わず、サプライヤーの書面による事前の同意なくして、本契約上のいかなる権利も移転、もしくは処分してはならないし、またいかなる義務も委譲してはならない。」

⑤　条項を分離する：Sever

　契約書中のある条項が何らかの理由で無効などとなったときに、契約書の残余の部分を救済するために、無効となった部分を切り離すための条項である。切り離す（'sever' 'separate'）ことに注目して、'Severability Clause' 'Separability Clause' という。「無効な条項」という意味で 'Invalid Provisions' と呼ぶこともある。次の例のように、その後に善後策を書いたものもある。

> If any term or provision of this Agreement is <u>held</u> by a court of competent jurisdiction to <u>be invalid, void or unenforceable</u>, the remainder of the terms and provisions of this Agreement <u>shall remain</u> ⟨→ <u>remains</u>⟩ in full force and effect and <u>shall in no way be</u> ⟨→ is in no way⟩ <u>affected</u>, <u>impaired</u> or <u>invalidated</u>. Upon such a determination, the parties shall <u>negotiate</u> in good faith to modify this Agreement so as to <u>effect the original intent</u> of the parties as closely as possible.
> 「もし本契約のいずれかの条項が管轄を有する裁判所によって、無効、または強行不能とされた場合にも、本契約の残余の条項はそのままの効力を有し、何らの影響を受けることも、効力を損なわれることも、また無効にされることもない。そのような判断がなされたときは、当事者は誠意をもって、できるだけ

当初の意図を実現することができるよう、本契約を修正すべく交渉しなければ
ならない。」

　次の例では、無効にされた条項はなかったものとして契約を続ける、という
解決策をとっている。

　If any provision in this Agreement is <u>held</u> to <u>be illegal, invalid, or</u>
<u>unenforceable</u>, such provision shall <u>be</u> fully <u>severable</u>; this Agreement
<u>shall be</u> 〈→is〉 construed and enforced as if such provision had never
comprised a part thereof; and the remaining provisions hereof <u>shall</u>
<u>remain</u> 〈→remain〉 <u>in full force and effect</u> and <u>shall not be</u> 〈→are not〉
<u>affected</u> by such provision or by its severance therefrom.
　「もし本契約のいずれかの条項が、不法、無効、または強行不能とされた場合
は、当該条項は全面的に分離されるものとする；本契約は、あたかも当該条項
が本契約の一部を構成することのなかったものとして、解釈され、強行される；
残余の条項は有効に存続し、当該条項、または当該条項の分離には一切影響を
受けない。」

⑥　契約を修正する：Amend

　'Amendment Clause' というほか、'Variation Clause' とも呼ばれる。契約の
変更は書面によらなければならない旨を定める。基本的な形は同じである。
　使われる動詞はいくつかあるが、'amend' さえあれば当事者の意図は伝わる。

　This Agreement <u>can</u> 〈→may〉 be <u>amended, supplemented</u> or <u>changed</u>
only by written instrument signed by the Purchaser and the Seller.
　「本契約書は買主と売主に署名された書面によってのみ、修正、追加、または
変更することができる。」

　This Agreement may only be <u>varied</u> by agreement in writing between
the parties.
　「本契約書は両当事者の書面による合意によってのみ変更されうる。」

上の 2 つの例は肯定的に表現している。次のように否定的に書く例もある。

> This Agreement may not be <u>varied</u> or <u>amended</u> except by the mutual written agreement of and signed by the Parties.
> 「本契約書は当事者に書面で合意され、署名されたものによるほかは、変更、修正されてはならない。」

> No provision of this Agreement may be <u>amended</u> except by a written instrument signed by both parties.
> 「本契約書のいかなる条項も、両当事者の署名した書面によることなく修正することはできない。」

⑦　言語 (Language) 条項において使われる動詞

　国際契約の多くは英語で書かれているが、当事者にとって英語が母国語ではない場合が少なくない。また契約の準拠法は英米法圏以外に存在する国の法（例えば日本法）で、契約書はその国（日本）の言葉で書かれて、その国の法概念で検討されるべきところを、共通の言語としての英語を借りて書いているということもある。そのため 2 か国語の版が作られたり、時には英語版を法廷の言語に翻訳することもある。

　ところが翻訳には限界があり、いかに言語として正しい翻訳に努めても、概念の翻訳として満足なことはありえない。'apple' は「リンゴ」かもしれないが、'orange' は「ミカン」ではない。「緑茶」は 'green tea' でも、「紅茶」は 'red tea' ではなく 'black tea' だし、信号の 'green light' は「青信号」であるごとくである。法的文書の場合は、「適当に」訳しておくことができないので、なおさら意味の違いは如何ともしがたい。例えば基本的語彙である 'right' 'title' 'interest' 'privilege' でさえ、これを日本語で訳し分けることは不可能である。

　そのような場合に、当事者の権利・義務を判断するのにどの言語の版が正式なのかを定める条項である。使われる動詞にそれほど種類はない。

　次の例は英語が唯一の準拠すべき言語で、その他の言語は認めないことを規定している。

This Agreement <u>will be</u> 〈→is〉 <u>written</u> and <u>executed</u> in the English language. Any translation into any other language <u>will not be</u> 〈→<u>is</u> not〉 <u>an official version</u> thereof, and in the event of any conflict in interpretation between the English version and such translation, the English version <u>will control</u> 〈→ <u>controls</u>〉.

「本契約は英語で作成され、締結されている。これ以外のいかなる言語への翻訳も、すべて正式版とは認められず、また英語版とそのような版の解釈に相違がある場合は、英語版が支配する。」

次の例は簡単、直截的である。

This Memorandum of Understanding has been <u>drawn up</u> in English, and the Parties agree that the English version <u>shall be</u> 〈→<u>is</u>〉 valid and binding.

「本覚書は英語で作成され、当事者は英語版が有効であり、かつ拘束力を持つことに合意する。」

次の例は、締結された原本は中国語なのだが、何らかの事情で英語版が必要であったので作成されたのだが、その英語版の中で中国語版が正本であることを述べたものである。

This Agreement is <u>executed</u> in the Chinese language.
「本契約は中国語によって締結された。」

時には 2 か国語で作成された契約書の両方が正本であるとすることがあるが、齟齬があった場合の処理は困難を極めるであろう。

This Contract is <u>written</u> in Chinese and English, each of which <u>shall be</u> <u>deemed</u> 〈→<u>is</u>〉 equally <u>authentic</u>.
「本契約は中国語と英語で書かれ、各々は等しく正本である。」

規定の有効性は措くとして、ここには 2 つの作文上の問題があるので、寄り

道して説明しておこう。1 つは 'deemed' である。この言葉は「みなす」と訳されるように、本来そうではないものを、あるものとみなす場合の言葉である。次の例を見てみよう。

　　If a notice or other communication has been properly sent or delivered in accordance with this Clause, it is <u>deemed</u> to have been received as follows:

　　「通知、またはその他の意思表示が本条に従ってなされた場合は、以下のとおりに受領されたものとみなす：」

　本来は実際に受領していなければ「受領した」とはいえないが、この契約上はこの条項に書いた方法で発送、または引渡しさえすれば、現実はどうであれ、一定の時間後に「受領」と等しいことにする、というものである。これを念頭に 1 つ前の規定を見ると、意味をなさないことがわかる。この規定は「両国語版とも正本である」といっているだけで、何もみなしてはいない。したがって 'deemed' は適切ではなく、なくてもよいのである。

　もう 1 つの問題は 'shall' である。ここでは「各々が正本であるものとする」という宣言をするために 'shall' を使っている[3]。しかしここに書いてあることは、「各版＝正本」という事実だけである。それならことさら宣言しなくても、補記したように 'is' とすれば単刀直入に真実が伝えられる。'shall' を使う必要はないのである。

　以下にも、この 'shall' と 'deem' の問題は繰り返し出てくる。

　言語の問題に戻って、次の例は 2 か国語の間に齟齬があった場合を想定して、解決方法を提案しているが、期待したように働いてくれるかどうか疑問なしとしない。

　　The Contract <u>shall be</u> 〈→is〉 <u>written</u> in Chinese and English languages. Both languages <u>have equal</u> legal <u>authority and effect</u>. Should there be a conflict between the two versions, the spirit and the objectives of the

---

3　詳しくは第 3 章「2．'shall' の用法　(3)規則を『宣言』するための 'shall'」参照。

Contract shall be the guiding principle to interpret the Contract.

　「本契約は中国語と英語で作成される。両言語とも法的に等しい権威と効果を持つ。両言語版の間に齟齬があった場合は、本契約はその精神と目的に照らして解釈されるものとする。」

---

⑧　見出（Captions, Headings）条項において使われる動詞

　条項の見出しはなくては不便だが、かといってそれを頼りに契約書を解釈されては困るので、便宜のためだけに付けたものであるという旨を、念のために書いたものである。

　The headings and captions used in this Agreement <u>are for convenience</u> only and <u>shall not be deemed to</u> 〈→do not〉 <u>limit</u>, <u>amplify</u>, or <u>modify</u> the terms of this Agreement, nor <u>affect</u> the meaning thereof.

　「本契約に使われている見出しや表題は、便宜のためだけであり、本契約の条件を限定したり、増幅したり、もしくは変更するものではなく、またその意味に影響を与えるものでもない。」

同様の規定をもう１つ挙げておこう。

　The captions herein are <u>included for convenience of reference</u> only and shall be <u>ignored</u> in the construction or interpretation hereof.

　「本契約の表題は参照の便宜だけのために含まれているものであり、本契約の解釈にあたっては、無視されるものとする。」

'and' 以下の部分について別の表現を含む例を示しておく。

　The headings of the various Sections of this Agreement <u>are for convenience of reference</u> only and <u>shall not</u> 〈→do not〉 <u>modify</u>, <u>define</u>, expand or <u>limit</u> any of the terms or provisions hereof.

　「本契約の諸条項の見出しは参照の便宜のためだけに付されたもので、いかなる条項をも変更、定義、拡大、または限定するものではない。」

⑨　通知（Notice）条項において使われる動詞

　契約の中での通知の出し方、通知はいつの時点で有効になるかなどを定めたものである。

　Any notice or other communication <u>required</u> or <u>permitted</u> to be <u>made</u> or <u>given</u> to either Party under this Agreement <u>shall be</u> ⟨→is⟩ <u>deemed</u> sufficiently <u>made</u> or <u>given</u> on the date of delivery if <u>delivered</u> in person or by overnight commercial courier service, or five（5）days after the date of mailing if <u>sent</u> by mail at the address of the Parties set forth below.

　「本契約の下で要求、または許容された一方当事者による通知、またはその他の意思表示は、下記の当事者の住所宛てに、持参された場合、または翌日配達便に託された場合は、配達された日に、郵便によってなされた場合は、投函日の翌日から5日後に有効になされたものとする。」

　次の例は、動詞は 'given' であり、上の例と同じだが、有効になる時期について興味深い定めがあるので、少し錯綜した文章だが、挙げておく。

　All Notices shall be <u>given in writing</u> and <u>given</u> to the parties at the following addresses: …

　Any Notice so <u>delivered</u> <u>shall be</u> ⟨→is⟩ <u>deemed</u> to have been <u>delivered</u>: if <u>delivered</u> by overnight courier, when <u>delivered</u>, if <u>delivered</u> during business hours on any business day or, if <u>delivered</u> outside such business hours, at the commencement of business hours on the next following business day; or if <u>delivered</u> by email, at the time of transmission, if <u>transmitted</u> during business hours on any business day or, if <u>transmitted</u> outside such business hours, at the commencement of business hours on the next following business day.

　「すべての通知は書面で、次の当事者の住所に出さなければならない：……

　そのように出された通知は次の時になされたものとみなす：もし翌日配達便

による場合は、営業日の営業時間中に配達された場合は配達された日に、同営業時間外になされた場合は、翌営業日の営業時間の開始時に配達されたものとする；eメールでなされた場合は、営業日の営業時間中に発信された場合は発信時に、同営業時間外に発信された場合は、翌営業日の営業時間の開始時に配達されたものとする。」

---

⑩ 準拠法（Governing Law, Choice of Law）条項において使われる動詞

契約が準拠すべき法律を定めるものである。

次の例は最も簡潔な形である。

This Agreement <u>shall be</u> 〈 → <u>is</u>〉 <u>governed</u> by the laws of the People's Republic of China.

「本契約は中華人民共和国の法律に準拠する。」

次のような例も多い。

This Agreement <u>shall be</u> 〈→<u>is</u>〉 <u>governed</u> by, and <u>construed</u> in accordance with the law of the state of California.

「本契約はカリフォルニア州法に準拠し、かつ解釈される。」

もう少し段階を追って、詳細に書かれたものもある。

This Agreement <u>shall, in all respects, be</u> 〈→<u>is, in all respects,</u>〉 <u>governed</u>, <u>construed</u>, <u>applied</u>, and <u>enforced</u> in accordance with the law of the state in which the Property is located.

「本契約は、すべての面において、物件が所在する州の法律に準拠し、解釈され、適用され、そして強行される。」

次の2例は準拠法というときには実体法だけで、抵触法は除くということを、念のために表したものである。最初の例文中（B）では、いわゆるウィーン売買条約の適用も排除している。2番目の例は少し簡潔に書いてある。いずれに

しても、抵触法を明文で排除しなくても、通常は実体法だけが適用される。

This Agreement and any and all matters arising directly or indirectly herefrom shall be 〈→are〉 governed by and construed in accordance with the laws of the State of New York, United States of America, without giving effect to（A）its conflict of law principles and（B）the United Nations Convention on Contracts for the International Sale of Goods.

「本契約、および本契約から直接、間接的に発生するすべての事項は、ニューヨーク州法に準拠し、解釈される、ただし（A）抵触法の原則、および（B）国際物品売買契約に関する国際連合条約の適用はない。」

This Agreement shall be 〈→is〉 governed by and construed in accordance with the substantive laws of Switzerland.

「本契約はスイスの実体法に準拠し、かつ解釈される。」

次の例は法律が主語で、動詞は 'be' である。事実を述べるのだからそれでよい。

The governing law of this Agreement shall be 〈→is〉 the law of Singapore.

「本契約の準拠法はシンガポール法である。」

次の例は、形は上の諸例と変わらないのだが、契約そのものに加えて、仲裁合意についても準拠法を定めた、稀な例である。

This Agreement, the arbitration agreement contained in it and any dispute or claim arising out of or in connection with it or its subject matter shall be 〈→are〉 governed by, and construed and take effect in accordance with English law.

「本契約、本契約中の仲裁合意、および本契約、もしくは本契約の目的事項から、もしくはそれらに関して発生するすべての紛争、または請求は、英国法に

準拠し、解釈され、そして効力を発する。」

---

⑪　裁判管轄（Jurisdiction）条項において使われる動詞

　裁判管轄の合意を定めるものである。さらに詳しく書いたものには訴状の送達、陪審裁判の放棄などについても規定してあるが、例文は省略する。

　次の例は 'non-exclusive'（付加的管轄）となっているが、専属管轄の場合は同じ文章で 'exclusive' とする。

　Each party hereto irrevocably <u>submits</u> to the non-exclusive jurisdiction of the Federal Courts located in New York, USA.
　「本契約の各当事者は、米国ニューヨークの連邦裁判所の付加的管轄に確定的に服する。」

　同じく当事者を主語にして、異なる動詞を使ったものも挙げておこう。

　Each party hereto hereby irrevocably and unconditionally <u>consents</u> to the non-exclusive jurisdiction of any court of the province of Ontario, in any action, suit or proceeding arising out of or relating to this Loan Agreement.
　「各当事者は本金銭消費貸借契約から生じることあるべき、あらゆる訴訟、または手続に関して、確定的、かつ無条件にオンタリオ州のすべての裁判所の付加的管轄に同意する。」

　裁判所を主語にしたものもある。

　The court <u>having</u> non-exclusive jurisdiction <u>shall be</u>〈→is〉the district court（*Landgericht*）of Frankfurt am Main.
　「付加的管轄を持つ裁判所は、フランクフルト・アム・マインの地方裁判所（*Landgericht*）である。」

　上の 3 つの例は、2 つは当事者から見たもの、もう 1 つは裁判所から見たも

ので、同じことを別の見地から書いたものである。念のために両方を含んだも
のも挙げておく。

　　The parties hereto agree that United States District Court for the
Eastern District of New York <u>shall have</u> 〈→<u>has</u>〉 sole and exclusive
<u>jurisdiction</u> to adjudicate any dispute that may arise out of or in
connection with this Agreement, and the parties hereto agree to <u>submit</u>
to the exclusive jurisdiction of said court.
　　「当事者はニューヨーク東部地域の連邦地方裁判所が、本契約から、またはそ
　れに関連して起こる紛争を解決するために、専属管轄を有することに合意し、
　当事者は当該裁判所の管轄に服することに合意する。」

紛争を主語にして書くことも可能である。

　　The Company agrees that any suit, action or proceeding with respect to
this Agreement may be <u>brought</u> initially in the federal or state courts in
Houston, Texas and irrevocably <u>submits</u> to the non-exclusive jurisdiction
of each such court.
　　「会社は本契約に関するあらゆる訴訟、および手続はまずテキサス州ヒュース
　トンの連邦、または州裁判所に提起することができることに合意し、各々の裁
　判所の付加的管轄に服する。」

⑫　仲裁（Arbitration）条項において使われる動詞

　　国際契約の非常に多くに出てくる取決めである。仲裁条項の文言は関係機関
の仲裁規則の中にひな型、推奨文言として示されているので、通常それに従う。
当事者が自ら書く場合もそれらに準じたものが多く、動詞の種類もそれほど多
くない。
　　紛争を主語にするものと、当事者を主語にするものがある。

　　Any disputes shall be <u>settled</u> with binding and final effect by
arbitration administered in English by the Danish Institute of Arbitration

in accordance with the rules of arbitration procedure adopted by the Danish Institute of Arbitration and in force at the time of filing of the arbitration case.

「当事者間のすべての紛争は、デンマーク仲裁協会によって採用されており、かつ仲裁を提起するときに有効な仲裁規則に従って、英語でデンマーク仲裁協会によって、最終的拘束力をもって解決されるものとする。」

In the event that any matter cannot be resolved in accordance with Section 14.2, then the matter shall be <u>referred to</u> arbitration for resolution before a single arbitrator under the then commercial arbitration rules of the International Chamber of Commerce.

「14.2項によっても何らかの事項が解決されえない場合は、当該事項は国際商業会議所のその時の商事仲裁規則に従って、単独の仲裁人による仲裁に付されるものとする。」

All Disputes shall be <u>submitted</u> upon written request of either Party to binding arbitration under the California's Arbitration Act as the exclusive remedy for resolving any such Dispute.

「すべてのそのような紛争は当事者の書面による申立てによって、当該紛争を専一的に解決する手段として、カリフォルニア州仲裁法の下で、拘束力ある仲裁に付されるものとする。」

Any dispute arising out of this Agreement shall be exclusively <u>resolved</u> by binding arbitration upon a party's submission of the dispute to arbitration.

「本契約から生じる何らかの紛争は、当事者の仲裁の提起によって、拘束力のある仲裁によって専ら解決されるものとする。」

次に続く 2 例は当事者を主語にしたものである。

If the dispute cannot be <u>resolved</u> in the aforesaid manner within thirty (30) days after the commencement of such discussions, either Party may submit the dispute to arbitration.

「もし紛争が協議の開始後30日以内に、前述のような方法では解決されえない場合は、いずれの当事者も紛争について仲裁を提起することができる。」

In case mutual agreement is not reached, either Party may refer the dispute to binding arbitration under the then-existing rules of the American Arbitration Association.

「相互の合意が得られない場合は、いずれの当事者も当該紛争を、その時に存在するアメリカ仲裁協会の規則に従って、仲裁に持ち込むことができる。」

---

⑬ 完全なる契約（Entire Agreement）条項において使われる動詞

英語の名前の方が一般的かもしれない。'Integration Clause' 'Merger Clause' と呼ばれることもある。締結された契約書は、それまでの合意事項のすべてを含んだもので、それ以外に合意事項があったとしても効力を失うという規定である。

This Agreement, together with any exhibits hereto, constitute the entire understanding and agreement with respect to the subject matter of this Agreement and supersedes all proposals, oral or written, all negotiations, conversations, promises or discussions between Parties relating to the subject matter hereof.

「本契約書は付属書類とともに、本契約の目的事項に関する、完全な了解と合意を構成するもので、これに関する口頭、書面を問わずすべての提案、当事者間の交渉経過、口約束、約束、および打ち合わせ事項に代わるものである。」

上の例では動詞 'constitute' に3人称単数現在形の 's' が付いていないが、this Agreement を主語と考えて 's' を付ける場合もある（もっとも、'supersede' には 's' が付いているのは首尾一貫しない）。'constitute' の代わりに 'contain' 'set forth' 'represent' を使う例もある。

This Agreement sets forth the full understanding of the parties and supersedes all earlier understandings and agreements with respect to the subject matter hereof.

　「本契約書は当事者間のすべての了解事項を述べたものであり、本契約の目的事項に関するすべての従前の了解事項、合意に代わるものである。」

　'supersede' の代わりに、あるいはこれに加えて 'cancel' 'replace' 'terminate' 'merge' といった語が使われることもある。念のために種々の言葉を書いておけば安心だ、という考え方もあるだろうが、１つで十分である。'supersede' 1 語だけという例はたくさんある。なお 'supersede' は、古いものを新しいもので置き換えることを意味し、以前のものは全く効力を失う。優先順位を付するわけではない。

　上の２例の両方にいえることは、この契約書がすべての合意を記したものであるということと、この契約書はそれ以外の従前の合意を無効にするということである。この２つはおよそ同じことを違う側面から書いたものであって、片方があれば必要最低限は満たされている。実際にも前半部分しかない例もある。

This Agreement represents the entire understanding and agreement among the Parties with respect to the subject matter hereof.

　「本契約書は本契約の目的事項に関する、当事者間のすべての了解事項、および合意を表すものである。」

3．能動態と受動態

　契約書は当事者の権利・義務を明らかにすることを第一の目的としている。そのためには権利・義務の当事者を主語にして能動態で書くのがよい。一方、受動態は当事者よりも内容に重点を置きたい場合や、誰が行為者なのか示しにくい場合、単に状況の説明や条件の設定をする場合などに使われる。

(1)　権利や義務を明確にする能動態

　権利・義務を規定するときには、「誰が」を示さなければならない。それを一番簡単に達成する構文は能動態である。いくつかの規定を受動態と能動態で書いてみて、どちらがわかりやすいか見てみよう。それぞれ最初が実例からと

られたもの、それに続くのが、必要に応じて少し手を加えて、能動態に直したものである。

　最初は信用状開設依頼契約である。

　　The Letter of Credit Facility shall <u>be used</u> for lawful corporate purposes.
　　「信用状ファシリティーは、合法的な会社の事業に使われるものとする。」

　この書き方では、用途の指定が表に出ている。銀行がこの規定を置いた理由が、「顧客にきちんと用途指定の指導をする」という、業務上の注意義務を果たしていることの証拠とするためなら、これでもよいだろう。しかし開設依頼人がファシリティーを投機的な取引に使うなどといった、目的外の利用の仕方をしたら、直ちに契約を解除して資金を回収できるようにしたいのであれば、依頼人の義務として次のように書くべきである。

　　The Applicant shall <u>use</u> the Letter of Credit Facility for lawful corporate purposes.
　　「開設依頼人は信用状ファシリティーを、合法的な会社の事業に使わなければならない。」

　次の契約はライセンスを与えて製品の製造を委託する契約である。製品は全量委託者に売り戻すこととなっている。

　　MAX grants to KFA a non-exclusive, non-transferable, royalty free licence to use the Technology solely to manufacture the Products, which shall <u>be sold</u> exclusively to MAX.
　　「MAX は KFA に専ら製品を製造するために、非独占的、譲渡不能、ロイヤルティーなしで、技術を使うライセンスを供与し、その製品は MAX にすべて販売されるものとする。」

　　MAX grants to KFA a non-exclusive, non-transferable, royalty free licence to use the Technology solely to manufacture the Products. KFA shall <u>sell</u> the Products exclusively to MAX.

「MAX は KFA に専ら製品を製造するために、非独占的、譲渡不能、ロイヤルティーなしで、技術を使うライセンスを供与する。KFA はその製品をすべて MAX に販売しなければならない。」

もともとの文章では、売戻しの件は文末に説明として書き加えてある。しかしそのことはこの取引の中で重要なことなのだから、文章を改めた上で、きちんと誰の義務かを書き表しておくべきであろう。

次の代理店契約では、代理店はテリトリー内でしか商品を販売することができない。

Distributor shall purchase from Manufacturer the Contracted Products in accordance with this Agreement. The Contracted Product shall <u>be sold</u> by Distributor only in the Territory.

「代理店は製造者から、本契約の条件に従って契約商品を買わなければならない。契約商品は代理店によって、テリトリー内のみで販売されるものとする。」

せっかく第 1 文で代理店を主語にして、代理店の義務を明らかにしたのに、第 2 文では義務の観念が背景に後退してしまっている。話の流れとしても、同じ主語で書き続ける方が読んでいる方にはわかりやすい。

Distributor shall purchase from Manufacturer the Contracted Products in accordance with this Agreement. Distributor shall <u>sell</u> the Contracted Product only in the Territory.

「代理店は製造者から、本契約の条件に従って契約商品を買わなければならない。代理店は契約商品をテリトリー内のみに販売しなければならない。」

これは製造者側から描いた絵であるが、代理店側から見れば、権利として次のように書くことも可能であろう。

Distributor <u>may sell</u> the Contracted Product in the Territory.

「代理店は契約商品をテリトリー内で販売する権利を有する。」

　次の 2 つの書き方の間には、「法律家らしい客観化された文章だ、そういう風に書くものなのか！？」と「よくわかる！」という差があることが見てとれるだろう。受動態にすることには、そのような「効用」（？）がなくもない。本例に限っていえば、当事者双方が義務者なので、能動態にすることによる、義務者の明確化という効用はあまりないのかもしれない。しかし能動態にすれば、何をしなければならないのかがはっきり見えてくるのがわかる。

　　Such OEM Purchase Agreement shall <u>be negotiated</u> by the parties in good faith.
　「そのような OEM 購入契約は、当事者によって誠実に交渉されるものとする。」

　　The parties shall <u>negotiate</u> such OEM Purchase Agreement in good faith.
　「当事者は誠実に OEM 購入契約の交渉をしなければならない。」

(2)　受動態でも構わない場合

　規定の中には、書こうとしても動作の主体が定めにくいか、それを明示する必要がない場合や、動作の主体より動作を受ける「モノ」「こと」の方が重要であるといった場合がある。そのときは受動態で書かれる。
　例えば次の規定はこの契約を読み、解釈する者一般に向けて指示・要求するものであり、動作の主体は特定しにくい。

　　Nothing in this General Supply Agreement or any Order Form shall <u>be construed</u> as creating a partnership or joint venture of any kind between the parties.
　「本基本供給契約もいかなる注文書も、当事者の間にパートナーシップ、またはいかなる種類のジョイント・ベンチャーも創設するものではないものとする。」

　準拠法の規定は、契約書が何法によるのかを定めるのが趣旨なので、「誰が」ということを意識して書く必要はない例である。

This Agreement shall be 〈→is〉 governed by the laws of Japan.
「本契約は日本の法律に準拠する。」

　動作の主体、つまり権利・資格を付与される者や、義務づけられる者が契約当事者以外の場合は、その者を主語に書いても直接的な意味がないので、受動態でも構わない。
　次の例では、片方当事者が相手方の帳簿を、会計士を使って監査してもよいことになっている。第1文は当事者を主語にして、「会計士に監査させる権利を持っている」と書けないことはないが、第2文、第3文で動作の主体である会計士に義務を負わせても、契約上それを強行する手段はない。加えて全体は監査にあたっての手続を説明することが目的なので、それを伝えれば十分であるともいえる。

Upon seven（7）days advance written notice, relevant records may be audited from time to time. Such audit shall be conducted during normal business hours and in such a manner as not to unreasonably interfere with normal business operations. All information disclosed by the party during the course of such audit shall be kept in confidence by the auditor.
「7日の事前の書面通知をもって、関係記録は随時監査することができるものとする。監査は通常の営業時間中に、通常の業務に不合理に障害にならないような方法で行われるものとする。当該監査中に当事者によって開示されたすべての情報は、監査人によって秘密を守られるものとする。」

　もし監査するのが契約当事者本人なら、第2文、第3文の主語を当事者にし、能動態でその者の義務として書くところである。
　次の規定も動作の主体である第三者を主語にして、その者に義務を負わせても強制力はない。「誰に保持させるか」という規則の設定をするものであり、受動態でも意味は明確で、十分に規定の目的を達することができる。

Escrow shall be held by a third party to be mutually agreed upon by the parties.
「第三者預託証書は当事者によって合意される第三者に保持されるものとする。」

試みに当事者を主語にしたらどうなるか見てみよう。

A third party to be mutually agreed upon by the parties shall <u>hold</u> the Escrow.

The parties shall <u>agree upon</u> a third party and <u>cause</u> such third party to hold the Escrow.

両方とも、伝えたいことが文末に来ていて、決して長文ではないにもかかわらず、見通しがよくない。第 2 文も当事者を主語に据えたことによって、その権利・義務関係が明瞭になったとも思えない。

「誰が」よりも「何が」が大事なときには、関係当事者間の取決めでさえも、「何が」を主語にして、受動態で書いてもよい。

次の例は支払に関するものであるが、ここでは当事者の支払義務よりも、通貨と支払方法の指定の方が大事である。なお支払義務については他所に規定があって、そこでは義務者を主語にして規定されている。

All payments shall <u>be made</u> in United States Dollars free of bank charges whatsoever by wire transfer to such bank account nominated by the receiving party.

「支払は米ドルで、いかなる銀行手数料も差し引くことなく、受領者によって指定される銀行勘定に電信送金されるものとする。」

次の規定は金と銀を含む精鉱売買契約の中の規定である。売主・買主の両者ともが引き渡された精鉱について、個別に検査人を使って成分分析を行い、その結果を交換する。そして、数値の差が合意された範囲内に収まっている場合のことを書いている。これも「何が」の方が重要な例である。

The exact mean of the two results shall <u>be taken</u> as the agreed assay for the purpose of final accounting.

「最終精算の目的では、2 つの結果の単純平均値を、合意分析結果として取り扱うものとする。」

　次の例は合弁契約中の規定である。事業計画によれば合弁会社が販売を担当する。ここでの主題は販売方法で、商品を主語に書く方がわかりやすい。

> The Products shall <u>be sold</u> through Directly Operated Store and Franchise Operated Stores as well as e-commerce as laid out in the Agreed Business Plan.
> 　「商品は、合意されたビジネス・プランに書かれたところに従って、直営店、フランチャイズ店、およびeコマースを通じて販売されるものとする。」

　最後の例は融資銀行団と借主の間での、貸付けに関する原則を書いたものである。説明のようなものといってもよいかもしれない。受動態にはなっているが、語句の意味は「減少する」「そうなる」という能動態と同じである。

> Each Bank's Available Commitment <u>shall be</u> 〈→is〉 <u>reduced</u> to zero at the close of business on the day on which the Term Advance is made.
> 　「各々の銀行の利用可能コミットメント額は、ターム貸付けが行われた日の営業終了をもってゼロとなる。」

４．原形の動詞の使用──Subjunctive

　一定の動詞が使われたときに、それに続く名詞節の中の動詞を原形にするという仮定法の用法がある（'subjunctive'）。'should' が使われることもある。ほかに 'it is necessary/important/essential' などに続く名詞節でも同じ現象が見られる。いずれにしても古い用法で、現代ではそのようにする必要はなく、現実にはそうではない例も多い。以下では契約書でよく見る動詞をとりあげ、同じ動詞について、名詞節で動詞が原形で書かれている実例と、より現代的な実例を挙げておく。

---

① declare

　１つめが古い用法、続く２つは現代の用法である。

The Sellers <u>shall have the right to</u> 〈→may〉 declare that all of the remaining Transfer Price <u>be</u> immediately due and payable.

「売主は残余の譲渡価格全額について、直ちに期限の利益を喪失させる権利を有する。」

If a court <u>shall declare</u> 〈→declares〉 that any provision of this Agreement <u>is</u> invalid …

「もし裁判所が本契約のいずれかの条項が無効だと宣言した場合は……」

The Parties <u>declare</u> that this Agreement <u>does not restrict</u> the ability of each of them to carry out business in the Territory.

「当事者は、本契約が当事者のいずれもがテリトリーで、営業をする能力を妨げないことを宣言する。」

---

②　demand

　最後の例を除いて、いずれも古い表現である。この語の用例には古い用法のものが多い。

The Lender may <u>demand</u> that certain terms of this Agreement <u>be revised</u> or new terms <u>be added</u>.

「貸主はこの契約のいくつかの条件が改定されること、または新しい条件が加えられることを要求できる。」

The Ministry may <u>demand</u> that the Contractor <u>suspend</u> the affected Operations.

「省は請負人に対して影響を被った部分の作業を中断するよう要求できる。」

Trustee may <u>demand</u> that such sale <u>should be made</u>.
「受託者はそのような売却が行われることを要求できる。」

Owner may <u>demand</u> the outstanding Lease Balance <u>to be</u> immediately due and payable.

「施主は未払いのリース残高の弁済期が直ちに到来することを要求できる。」

③　insist

最初の2例が古い用法である。

No such grace granted by Lender has diminished Lender's right in the future to <u>insist</u> that Borrower strictly <u>comply with</u> the terms of the Loan Documents.

「貸主によって与えられたいかなる猶予も、今後借主にローン書類を厳格に遵守することを主張する貸主の権利を些かでも減ずるものではない。」

The Executive <u>shall have no entitlement to</u> 〈→is not entitled to, may not〉 <u>insist</u> that the Company <u>make</u> such payment.

「役員は、会社にそのような支払を求めるいかなる権利も持たない。」

なお、2つめの例で〈　〉内に改定方法を2つ示した理由は、文意が曖昧だからである。もし「権利がない」というなら 'is not entitled to' の方がよくそのニュアンスを表すが、「禁止される」という意味であれば 'may not' とすべきである。

Licensor <u>shall have the right to</u> 〈→may〉 <u>insist</u> that this milestone <u>is paid</u> by issue of Licensee's Shares.

「ライセンサーはこのマイルストーンは、ライセンシーの株式で支払われるべきことを主張できる。」

④　propose

ここでも最初の2つが古い用法である。1つめは契約書ではないが、株主総会について会社が述べたものである。

At the meeting, the Board of Directors will <u>propose</u> that the following resolutions <u>be</u> adopted:
「〔株主〕総会において、取締役会は以下の決議が可決されるよう提案する所存である：」

The Company <u>will have the right to</u> 〈→may〉 <u>propose</u> that a Product Recall <u>should be initiated</u>.
「会社は商品のリコールを開始することを提案する権利を有する。」

The Operator may <u>propose</u> that it <u>charges</u> a management fee for performing the services under the Services Agreement.
「オペレーターは役務契約上の役務の履行に対して、マネジメント・フィーを課する提案をする権利を有する。」

---

⑤　require

この言葉は古い用法が圧倒的に多い。

Company may <u>require</u> that an Independent Engineering Assessment <u>be conducted</u>.
「会社は独立したエンジニアリング評価を行うことを求めることができる。」

Manufacturer may <u>require</u> that the following notice <u>be used</u> on the Products.
「製造者は、以下の〔商標等の〕表示が商品上になされるべきことを求めることができる。」

次の例は数少ない現代的な用例の１つである。

Unless the Company is able to satisfy the Extension Conditions, which <u>require</u> that the Company <u>raises</u> at least $25 million through one or more equity financings …

「少なくとも2,500万ドルを、１回ないしはそれ以上の資本注入によって調達することを要求するところの期限延長条件を会社が充足できない限り……」

第3章

助動詞

1．助動詞の働き

　助動詞は 'auxiliary verb' と呼ぶほか、'helping verb' ともいわれて、動詞を助けて[1]、時制、法[2]、態を示すという重要な役割を負うほか、法律文でも動詞だけでは表しえない権利、義務、可能、必要などの意味を表す働きをする。

　簡単な例で、助動詞の役割を見てみよう。売買契約で売主が商品を「売る」、買主が代金を「支払う」のは当たり前のことではあるが

The Seller <u>sells</u> the Products to the Buyer.

The Buyer <u>pays for</u> the Products.

　――と書いただけでは「売買のお話」にはなっても、それが一体登場人物にとって、法的に何を意味するのかはわからない。

　動詞の現在形だけでも意味をなすとすれば、それはいわゆる現実売買、つまり商店で現金で買物をするときのように、その場で契約が履行されてしまう場合である。契約の成立と履行が同時に行われてしまうのだから、上のようにしても誰も疑問を持たないだろう。

　しかし契約締結後に時間を置いてから実行されるような、一般的な取引について、契約書に 'The Seller sells …' 'The Buyer pays for …' と書いても、それらが売主や買主の義務である、ということは一目では読みとれない。「そう書いてサインしたのだから、それが実現するようにするのは当事者の義務ではないか」という議論もわからなくはないものの[3]、そんな議論をしなければならないのでは契約書を作る意味がない。何とかする必要がある。その役割を果たすのが助動詞である。

The Seller <u>shall</u> sell the Products to the Buyer.

The Buyer <u>shall</u> pay for the Products.

1　文法上は助動詞も動詞で、本動詞（principal verb）に対する言葉であるが、ここでは別の種類として話を進める。
2　ここでいう「法」とは、法律の「法」ではなく、直接法、仮定法、命令法などの文法上の「法」である。
3　確かに契約書の頭書に 'It is agreed as follows:' と書かれているから、契約書の本体は合意事項であり、義務であるという考え方もある。

　こうすれば、当事者に義務が発生していることが誰にでもわかる。念のために もう１つ、違いのわかる例を挙げておこう。

Payment <u>shall</u> be made in Japanese Yen.

Payment <u>is</u> made in Japanese Yen.

「支払は日本円によるものとする」と書こうと思ったら、誰でも前者を選ぶ だろう。その理由は、後者は誰にも何も義務づけたり、指示したりしていない からである。ただ「支払は日本円でなされる」といっているだけである。誰か に義務を負わせなければ、条項の存在意義がない。だから義務を負わせられる ように、「指示」の 'shall' といわれる助動詞が必要なのである。

　法律的文書で出てくる助動詞は 'shall' 'will' 'must' 'may'、および少数なが ら 'can' がほとんどである。仮定法の場合を除いて、'should' 'would' 'might' 'could' の出番はあまりない。稀に 'need' 'ought' 'used' がある[4]。

　第２章の動詞の例文でも、もし助動詞がなくて動詞だけだとしたら、その動 詞の示す行為が義務なのか、権利なのか、それ以外のことなのかわからないこ とが多い。その意味で助動詞を正確に使うことは、わかりやすい法律文書を書 くために大事なことである。

　しかしそこで気を付けておくべきことは、必要なときにだけ使うということ である。動詞の現在形で書けば十分なところにことさら助動詞を使うと、解釈 すべき言葉の数を無駄に増やすだけの結果になる。'shall' の乱用などはこの点 の配慮の欠如にも起因している。

　助動詞の用法については、専門家の間でも意見の相違があり、また国による 用法の違いもある。以下の説明はこれが唯一の正しい用法であるというより、 実例を参考にしながらどのように使えばわかりやすい文章が書けるか、を考え ることに力点を置いたものである。

4　助動詞にはほかに 'do'（疑問文を作るという役割では契約書には出てこない）、'dare' （これもほとんど契約書や法律には出てこない）があるが、本書では扱わない。ただし 'do' が現在形の動詞の否定の役割を担う場合と、動詞を強調する場合については、少しだ け後で触れておく。また 'be' 'have' も助動詞だが（例えば 'be' は動詞の過去分詞に付いて、 完了形や受動態を作る。'have' は過去分詞に付いて完了形を作る）、本書では特に助動詞 としては論じない。

２．'shall' の用法

'shall' という助動詞は契約書の内では、最も使われる頻度の高い助動詞である。しかし現実には、誤解されはしないものの、誤って使われていることも多い。ここでは勧められる使用法、注意すべき場合などを順に見ていくこととする。

⑴　人が主語のとき ── 'shall' は「義務」を表す

まず 'shall' は自然人、法人のほか、法人格のない団体も含めて、人を主語とする文章で、主語の義務、つまり「誰それは……の義務を負う」（'is obliged to' 'is obligated to' 'is required to'）ということを表すために使うことができる。この場合は能動態で書く。

多くは契約上、積極的に何かをすることを要求されているという意味での義務である。そしてその不履行は契約違反となる。しかし中にはそういう意味での義務ではなく、そうしないことが契約違反に直接につながらないこともある。そのような例も最後に挙げておいた。

The Seller shall deliver the Products and the Buyer shall pay for the Products.
　「売主は商品を引き渡さなければならず、買主は商品に対して支払をしなければならない。」

Lessor shall lease the Equipment to the Lessee as provided herein.
　「貸主は本契約に規定されたところに従って、機械を借主に貸し与えなければならない。」

Franchisee shall complete construction in accordance with the plans and specifications within six（6）months of commencement of construction.
　「フランチャイジーは建設開始から6か月以内に、図面と仕様に従って工事を終えなければならない。」

Executive <u>shall</u> serve as President and Chief Scientific Officer of the Company.

「役員は会社の社長、および最高サイエンティフィック・オフィサーを勤めなければならない。」

The Joint Venture Company <u>shall</u> place a non-cancelable purchase order for the Product.

「合弁会社は商品に対する、取消不能の購入注文をしなければならない。」

Following the Effective Date, the parties <u>shall</u> execute such other documents as may be reasonably necessary or appropriate to carry out the transactions contemplated by this Agreement.

「効力発生日の後に、当事者は本契約で企図された取引を実行するために、合理的に必要、または適切と考えられるその他の書類を締結しなければならない。」

ただし義務といっても、必ずしもそうしないことが契約違反につながる場合だけではない。

If the Agent intends to change its bank account, it <u>shall</u> send a written notice to the Company seven（7）business days in advance.

「もしエージェントがその銀行口座を変更することを意図するなら、会社に対して7営業日より前に、書面で通知を送らなければならない。」

7営業日より前に通知をしておかなかったら、受取口座の変更が認識されないというだけで、不利益は被るが契約違反となるわけではない。

⑵ 「モノ」「こと」が主語のとき──‘shall’は「指示」を表す

‘shall’が人以外の「モノ」「こと」を主語にとった場合は、「……ものとする」として、そこに想定される者（当事者以外のこともある）に指示をする働きをする。

ただし本項の記述は必ずしも、人以外の「モノ」「こと」を主語に据えることを勧めているわけではない。主語と態の選択については第1章・第2章に述

べたところを参考にされたい。

　次の 4 例は指示することによって、相手方に義務を負わせることを意図したものである。

Distributor agrees that it will use its best efforts to promote the sale of Products by advertising; provided, however, that the form and manner of all such advertising <u>shall</u> be submitted to Company.

「代理店は広告をもって商品の拡販に最善を尽くすことに合意する；ただし当該宣伝の形式、および方法を会社に提出するものとする。」

　ここでは広告方法を主語にして、代理店に提出を指示している。その結果、代理店はそのとおりにする義務を負う。代理店を主語に書けば次のようになる。

…provided, however, that Distributor <u>shall</u> submit to Company the form and manner of all such advertising.

　次の規定は支払を30日以内にせよ、という指示を与えることによって、その効果として、支払をする者に一定の期間中に支払う義務を負わせることになる。

Payment of the Contract Price <u>shall</u> be made within thirty (30) days after the date hereof.

「契約価格は本契約日後30日以内に支払うものとする。」

　30日以内に支払わなかったら、支払義務違反になる。

　次の例はライセンス契約中の規定で、サブライセンス契約の中に第三受益者条項を入れるよう要求するものである。これもライセンシーに義務を課するものである。

Each sublicense agreement <u>shall</u> expressly include a provision making Licensor a third party beneficiary of such sublicense agreement with the full right to enforce such agreement for Licensor's benefit.

「各サブライセンス契約には、ライセンサーをサブライセンス契約の第三受益者と明示で認める条項を含み、ライセンサーが当該契約を自己の利益のために

行使できる権利を定めるものとする。」

　次の 2 つの規定は、当事者になすべきことを指示していることは明白だが、上の諸例のように義務を負わせるというところまでいくかどうかは、微妙である。

　最初の例は当事者に意思表示の言語を指定し、指定された言語以外で書かれた書面には、翻訳の添付を要求するもので、契約当事者にすべきことを指示したものである。しかしそのとおりにしなかった場合に契約違反になるというものではなく、せっかく出しても期待した効果を発しないという不利益を被る、というにすぎない。

　　All documents to be furnished or communications to be given or made under this Agreement shall be in the English language or, if in another language, shall be accompanied by a translation into English certified by a representative of the Company.
　「本契約に基づいて交付される書面、または送付され、もしくは作成される意思表示は英語によるものとするか、もし他の言語である場合は、会社の代表によって証明された英語への翻訳を添付したものによるものとする。」

次の例も同様である。

　　Any dispute arising from or in connection with the Sales Contract shall be settled through friendly negotiation. In case no settlement can be reached, the dispute shall be then submitted to China International Economic and Trade Arbitration Commission for arbitration.
　「本売買契約から、またはこれに関して発生する紛争は、友好的交渉を経て解決するものとする。解決できないときは、紛争は中国国際経済貿易仲裁委員会による仲裁に付託されるものとする。」

　ただし、これらの規定は世間一般を対象にした文言ではなく、当事者間の合意事項を、当事者を対象にして述べたものではある。

　次の例も当事者に厳格な義務を課しているとも言い切れない（努力目標である

ことは疑いない）。規定の目的の一部は第三者、例えば紛争解決にあたる者に対
して、当事者の意図を知らしめるというところにあるとも読める。

If any provision of this letter agreement is determined by a court to be
invalid or unenforceable, there <u>shall</u> be substituted for the unenforceable
provision a substitute provision which <u>shall as nearly as possible achieve</u>
〈→ as nearly as possible achieves〉 the intent of the unenforceable
provision.
「もしこのレター契約のいずれかの条項が、裁判所によって無効、または強行
不能とされた場合、強行不能な条項は、その条項の意図を可能な限り実現する
近似的条項と差し替えられるべきものとする。」

次の例は全く義務の要素を持たず、一定の事由があれば、総代理店であった
立場が非排他的な立場に引き下げられる、ということを書いただけである。指
示という面もあまりないかもしれない。直接の対象は当事者、なかんずく代理
店といってもよい。

Notwithstanding Section 2, in the event that Distributor fails to meet
the Quotas as outlined in Exhibit F, then Distributor's rights under this
Agreement <u>shall</u> thereafter be non-exclusive.
「2条の定めにもかかわらず、代理店が添付書類 F に記載した割当数量を達成
しなかった場合は、本契約上の代理店の権利は、以後は非排他的なものとする。」

次の例では、当事者のみならずこの契約書に何らかの関係を持つものすべて
に対して、このように契約書を解釈するよう指示・要求している。当事者の義
務という側面はない。なおこの例文の場合、‘include’ という言葉が読者には
っきり何をすべきか示しているので、あえて ‘shall’ を使わなくても目的を達
することができる。

The term "Bank" or "Banks" <u>shall</u>, unless otherwise expressly indicated,
include the Agent in its capacity as a Bank.
「『銀行（単数）』、または『銀行（複数）』という用語は、明確に異なって指示

されない限り、銀行としての役割を果たす代理人を含むものとする。」

「指示の shall」はこれらの例のように、特定の義務者を念頭に置いて、その者に指示する形で間接的に義務を表すことができるほか、もっと一般論として多くの読者に注意を促し、規則に沿うことを要求することもできる。規則の確立、という意味合いで使われた場合は、次項の「立法の shall」用法と明確に区別することができない。

⑶　規則を「宣言」するための 'shall'

'shall' は主に「モノ」「こと」、時には人に付いて原則・規則を宣言するために使われることがある。法律の中でよく使われてきたことから「立法の shall」と呼ばれる。まず実際の法令文ではどうなっているかを見てみよう。

次の規定はアメリカの特許法119条（b）（3）の一部である。外国で特許の申請がなされている場合はアメリカでもそれを認めることがあるが、特許庁長官は申請書の証明付きコピーなどの提出を求めることができる。

Any such certification <u>shall</u> be made by the foreign intellectual property authority in which the foreign application was filed …
「そのような証明書類は、外国申請がなされた国の知的財産権監督官庁によって作成されるものとする……」

この 'shall' は「モノ」に付いているが、外国の当局に対して作成を指示する、というわけにはいかないし、特許申請人に義務を負わせるわけでなく、契約書におけるような指示の用法とは読めない。一方、もし 'shall' がなくて次のようにだけ書かれていたら、申請人には何のことかわからない。

Any such certification <u>is</u> made by the foreign intellectual property authority in which the foreign application was filed …

つまり 'shall' があって初めて法原則・規則としての効力が発生し、申請人は申請をしようとするなら、外国の当局によって作成された証明書を持っていかなければならない、ということが明確にわかるのである。これが「立法の shall」である。

　次に、契約書中での立法用法の実例を見てみよう。

　この契約は当事者以外のいかなる第三者にも権利を付与するものではない、ということを規定する条項である。当事者に権利・義務を課するというものではなく、原則を宣言している。

　Nothing in this Agreement <u>shall</u> be construed to confer, directly or indirectly, upon or give to any Person other than the Parties hereto, any right, remedy or claim in respect of this Agreement.

　「本契約のいかなる規定も、本契約の当事者以外のいかなる者にも、直接、間接を問わず本契約に関する権利、救済措置、または請求権を付与すると解釈されてはならないものとする。」

　もし 'shall' を除いて

Nothing in this Agreement <u>is</u> construed …

　——と書いたとしたら、原則であることが伝わらない。つまり動詞だけでは効果が出ないので、'shall' が必要なのである。

　次の例を見てみよう。

　All notices and other communications <u>shall</u> be in writing.
　「すべての通知、およびその他の意思表示は書面によるものとする。」

　これも次のように書いたとしたら

All notices and other communications <u>are</u> in writing.

　——「書面によるものとする」という規則としての拘束力は出てこない。'shall' があって初めて原則が確立できるのである。

　立法の 'shall' が人に対して使われることもあるので、実例を見ておこう。

　The Bank <u>shall</u> be the naming sponsor of the north end zone deck at the Stadium.
　「銀行はスタジアムの北端の観客席の命名権者であるものとする。」

　ここでは 'shall' は人に付いているが、義務の用法ではない。銀行が「命名権者である」ということを宣言しているのである。そして、'shall' を外してしまうと「……である」ということはいえても、「……ものとする」という宣言にはならない。

　次の例も人を主語とする文章に対して、'shall' を「……ものとする」という意味に使ったものである。人に使われているからといって、役員に義務を課す 'shall' ではない。そしてここでも 'shall' がないと原則の宣言にならない。

　Executive <u>shall</u> be employed as Senior Vice President of Business Affairs, General Counsel and Secretary of the Company.
　「役員は会社の、営業担当上級副社長、法務担当、および秘書役として雇用されるものとする。」

　もっとも、「指示」の 'shall' との境界線は明瞭ではない。本例を会社に対する指示だと読むことも不可能ではないが、それでは規定としては隔靴搔痒の感は否めない。もしそれが目的だとしたら、会社を主語にして、その義務として書くべき場合であろう。

　これらの例のように、原則を宣言するために 'shall' を必要とする場合があるのだが、よく分析してみると 'shall' がなくても目的を果たせる場合も少なくない。

　The Initial Term and any mutually agreed upon extensions thereof <u>shall</u> be referred to herein as the "Term".
　「最初の契約期間、およびすべての合意された延長期間を、本契約では『期間』というものとする。」

　ここにはどうしても立法の 'shall' がいるだろうか。実はこの場合は 'referred to' という動詞によって、目的は達せられるので、'shall' は不可欠ではない。

　The Initial Term and any mutually agreed upon extensions thereof <u>are</u> referred to herein as the "Term".

　もう 1 つ準拠法条項を見てみよう。これは指示の 'shall' の事例と読んでも

よいが、「何人たりとも、本契約を解釈する者は日本法によるものとする」という原則を示しているのだから、立法の 'shall' の事例ということができる。次のように書かれることが非常に多い。

> This Agreement <u>shall</u> be governed by the laws of Japan.
> 「本契約は日本法に準拠するものとする。」

　では振り返って、'shall' は本当に必要なのかといえば、この例でも 'be governed' で目的は遂げられるので、'shall' の助けを借りずに動詞の現在形で書いてもよい。そのような実例もある。

> This Contract <u>is</u> governed by the laws of the People's Republic of China.
> 「本契約は中華人民共和国の法律に準拠する。」

　現実には古い法令の文章には、現代なら使わないところにも、ふんだんに 'shall' が使われていた。それを反映してか、契約書の中にも多用というより、乱用気味に 'shall' が使われているが[5]、まず原則の宣言が必要かどうかを考え、必要と思われる場合でも、'shall' の助けを借りなくても動詞だけで十分に効果を発揮することができないかを、立ち止まって考えることが必要である。

⑷　'shall not' は何を意味するか

①　人に使われる「義務」の 'shall' の否定は「禁止」

　肯定形で人に使われて「義務」を表す 'shall' の否定形 'shall not' は、「不作為の義務」つまり「……をしない義務を負う」こと、言い換えれば「してはいけない」こと、「禁止」を表すために使われる。'shall do' では当事者は 'do' する義務を負い、'shall not do' では 'not do' する義務を負う[6]。

5　変なたとえかもしれないが、レストランで「こちらサラダとなっております」と言って料理の皿を差し出すことがあるが、将棋で歩が金に「成る」ように、何かが何かに「変化している」わけではなく、ただ「サラダです」と言えば十分なのと、何となく似ているところがある。

　次の規定は M＆A 関係の契約中で、売主がクロージング前にしてはいけないことを定めたものである。

> The Seller <u>shall not</u> borrow any money in excess of $10,000.
> 「売主は 1 万ドルを超える借財をしてはならない。」

‘not borrow’ という積極的な義務を負うので、その結果として禁止の規定になるわけである。
　次の例も同様に ‘not sell’ の義務、つまり禁止を定めるものである。

> Licensor <u>shall not</u> sell more than 170 tickets of admission or memberships to the Club.
> 「ライセンサーはクラブに対して、170枚を超える切符、または会員権を販売してはならない。」

②　「モノ」「こと」に使われる「指示」の ‘shall’ の否定は「否定的指示」

‘shall’ には、人以外の主語に使われて「指示」の意味があるが、これを否定するとどうなるのだろうか。

> Headings are inserted for convenience only and <u>shall not</u> affect the construction of this Deed.
> 「表題は便宜のためだけに入れられており、本証書の解釈に影響を与えることはないものとする。」

‘shall’ は「指示」であるから、この場合 ‘not affect’ の指示を出すこととなり、読む者に「影響を与えない解釈をせよ」という否定的指示を与えることになる。
　次の 2 例も同じように考えればよい。

6　文法的にいうと、‘shall not do’ の場合、‘not’ は動詞を否定する（‘will’ も同様である）。助動詞によっては、動詞ではなく助動詞を否定するものもあるし（‘can not’ はいつもそうである）、意味によって違うものもある（‘may not’ は「許可」の意味のときには助動詞を否定するが、「可能」のときは動詞を否定する）。

Any amendment hereunder signed by HC <u>shall not</u> be effective unless and until such amendment is signed by FPA/S.

「HC によって署名された修正は、FPA/S によっても署名されない限り有効ではないものとする。」

Seller's maximum liability under clause 13.2 <u>shall not</u> be limited to the value of the Order for the Product that did not conform to the Specifications.

「13.2 条の下での売主の責任の限度は、仕様に合致しなかった商品に対する注文の価格に限定されないものとする。」

次の表現は決まり文句としてよく出てくるものである。同じように「不合理に留保等をしないこと」という指示をしていることになる。

without the prior written consent of Licensor, which consent <u>shall not</u> be unreasonably withheld, conditioned or delayed

「ライセンサーの書面による事前の同意なく〔この同意は不合理に留保、条件づけ、または遅延されてはならないものとする〕」

③ ‘shall not’ の誤用

人を主語にして ‘shall not’ を使った規定はいつも「禁止」の規定なのだろうか。

Each Party <u>shall not</u> be liable for failure to perform any of its obligations under this Agreement if such failure is caused by an event of force majeure.

もしそうだとするとこの条項は次のように訳さなければならない。

「いずれの当事者も、もし当該不履行が不可抗力による場合は、本契約上の義務の不履行について、<u>責任を負ってはならない</u>。」

もちろん当事者の意図は次のはずである。

「いずれの当事者も、もし当該不履行が不可抗力による場合は、本契約上の義務の不履行について、責任を負わないものとする。」

なぜこのように使われるのだろうか。その理由は、興味深いことに英語を母国語とする法律家でも日本の法務関係者でも見られる現象だが、'shall' をどのような場合にでも「……ものとする」という、法原則を宣言する言葉（「立法の shall」）のように考えることが少なくないからである。そこで 'shall not' を「……ないものとする」ということを表現するために使ってしまうのである。次の例も同じ間違いを犯している。なお、訳は本来の意図に従ったものである。

> The Lenders <u>shall not</u> be under any obligation to lend any Advance to the Borrower if prior to that Advance any of the events specified in Article 20.2 of the Shipbuilding Contract occurs.
> 「貸主は、船舶建造契約の20条2項に記載してある事項のいずれかが、貸付けの前に起こった場合は、借主に貸付けをする義務を負わないものとする。」

'shall' を義務として訳すと「貸付けをする義務のもとにはない義務を負う」という、訳のわからないものになってしまう。もし貸主を主語にするなら、「貸す義務はない」といわなければならないはずである。次の例でどうすればよいかも含めて説明しよう。

ついでながら、1つ上の例の文頭に 'Each Party' というのがあるが、'each' はある1人を指すのではなく、全員を指すのでよくない[7]。

次の例は、企業買収契約にあった規定である。買主は特記して引き受けることに合意した継承債務を除いては、対象企業の債務を引き継ぐ義務はない、負担しないといおうとしているものである。

> Except for the Assumed Liabilities, the Purchaser <u>shall not</u> assume any liability, responsibility or obligation whatsoever.
> 「継承債務を除いて、買主はいかなる債務、責任、または義務も負担しないも

7　修正の方法は、第2章「2．一般条項に使われる動詞　③不可抗力（Force Majeure）条項において使われる動詞」の項参照。

のとする。」

　人に付いて使われる「義務の shall」の否定として訳すと、「負担しない義務を負う」「負担してはならない」ということになる。しかし当事者のいいたかったことは、買主には「継承債務以外の債務を負担する義務はない」ということであったはずである。つまり否定されるのは「（負担する）義務（'shall'）」であって、「負担しない（'not assume'）」義務を負わされる必要はないのである。そのような当事者の意図を正確に反映しようとすれば、中途半端に助動詞を使おうとせず

the Purchaser <u>does not</u> assume any liability, responsibility or obligation …

　——といえばよい。ついでながらほかの表現で「義務を負わない」を書くとしたら次のような方法もある。

the Purchaser <u>is not obliged to</u> assume any liability, responsibility or obligation …
the Purchaser <u>is not required to</u> assume any liability, responsibility or obligation …

　さて、'the Purchaser does not assume …' に戻るが、この場合に英作文的にいうと、'not … any' の組み合わせは、否定を表す 'no' の 1 語と置き換えることができるので

the Purchaser assumes <u>no</u> liability, responsibility or obligation …

　——とすることができる。この方が英語らしい表現である。これで「債務は負わない」ということになる。この用法にならうと、最初の不可抗力と貸付けの 2 つの例は、まず 'shall' の部分を次のように修正する必要があるが（ただし最初の例の 'each' については上述のとおり、さらに直す必要がある）

Each Party <u>is not</u> liable for failure to perform …
The Lenders <u>are not</u> under any obligation to lend …

　——同じく英語らしい英語という観点からいうと、それぞれ次のように書き

換えられよう。

> No Party is liable for failure to perform … [8]
> The Lenders are under no obligation to lend …

　しかし現実には上の３つの例文のように書くことはいくらでもあることは、前項[9]で述べたところである。その意味では例文のような書き方は間違いである、と言い切ると語弊があるかもしれない。
　誤用のついでに、もっと褒められない例を１つ見ておこう。

> Employee <u>shall not</u> be reimbursed for commutation to and from the Company's primary business location.

　ここで 'shall not' を人に使われる「義務」の 'shall' の否定とみて「禁止」とすると「費用の償還を受けてはならない」となるが、そういう趣旨ではないことは明らかである。しかし「償還を受けない（'not be reimbursed'）義務を負う」というわけもない。ということは、これは 'shall' を立法の 'shall' のように使って、「……ものとする」と考えて、その否定だから「償還されないものとする」と考えているのである。意図されていたことを反映すれば、次のような訳になる。

　「従業員は会社の主たる事務所の所在地との通勤については費用の償還を受けないものとする。」

　この文章の問題の根は、規定の趣旨は「権利がない」ということなのに、'shall' を使っていることにあるともいえる。次のような解決が考えられる。

> Employee <u>is not entitled to</u> be reimbursed …
> Employee <u>has no right to</u> be reimbursed …

8　当事者が２人なら、'Neither Party' を主語に置く。ただし 'neither' は３者以上に使えないわけではない。
9　「(3)規則を『宣言』するための 'shall'」を参照。

⑸ 一考する余地のある 'shall' の用例

契約書を書くときの原則の 1 つに、同じ言葉は同じ意味に使うというものがある[10]。そうしなければ、ある語が使われるたびに、そこではこの語はこういう意味だが、他所では異なる意味だといった、混乱を引き起こしかねないからである。そのような不安定さは権利・義務を表す契約書では許されない。

ところが 'shall' についていえば、この言葉は現実の契約書の中では、色々な意味で使われていたり、また使わなくてよいところで使われたりしている。しかし上に説明したように、主語によって「義務」または「指示」を表すことに使うほか、明白な場合に限って「原則」の宣言に用いることを心掛けるべきであろう。ここでは正しく使われていないと思われる例を挙げて、より良い表現方法があるかを合わせて考えてみる。なお本項では和訳は、改定前の文案に基づいている。

The following capitalized terms <u>shall</u> have the meanings attributed to them in this Section: …

「以下の大文字で示した言葉は、本条で付与される意味を持つものとする：……」

定義条項でよく見かける用法である。関係者にそのように心して読むように、という指示の 'shall' と考えてみる。しかし、この規定は「何々という言葉は何々を意味する」という事実を述べているだけである。それなら次のように書けば十分である。

The following capitalized terms <u>have</u> the meanings attributed to them in this Section: …

規則を宣言するための立法の 'shall' だ、と考えることもできるが、そうだとしても、'have' という動詞ですでに目的を達しているので不要である。日本語でも「意味を持つ」に代えて、「意味を持つものとする」といったからとい

10　ほかに、同じことをいうのに異なる言葉を使ってはならない、という原則もある。

って、何も付け加えるものはないどころか、かえって主張を弱めてしまう。英語でも同じで、'shall' はかえって邪魔なのである。

　実はこのような現象は法令の中でも起こっている。次に見るのは実際の法令中の定義条項である。

the term "mercantile agent" <u>shall</u> mean …

　結論から先に述べれば、'mean' という動詞を使うことによって、規定の効果、目的や結果が直ちに実現できるので、'shall' はなくても通じる。もちろん、すべての法律にこう書かれているわけではなく、19世紀の法律でも、同様の場合に 'shall' が使われていないものもある。

　次の例も宣言する 'shall' といえなくもないが、'constitute' が意図するところを表しているのだから、あえて使う必要はない。

Appendixes hereto <u>shall</u> constitute an integral part of this Agreement.
「本契約の付属書類は、本契約と不可分の一体をなすものとするものとする。」

　次の例でも 'shall' は不要である。'shall' は人に付けば義務を表すが、いうまでもなくこの規定の趣旨はそうではない。

Executive <u>shall</u> be eligible to receive a cash bonus in accordance with, and subject to, the Company's then existing executive bonus plan.
「役員は、その時に有効な役員ボーナスプランによって、かつそれに従って、現金のボーナスを受け取る資格を持つものとする。」

　それらしく「……ものとする」というために、安易に立法の 'shall' が使われたのである。'Executive is eligible to receive …' といえばよい。
　同様に人を主語にして、それらしく作った条項例をもう１つ挙げておこう。

Licensee shall own all right, title and interest in any enhancements made by Licensee and all intellectual property rights related thereto.
「ライセンシーはライセンシーによってなされた増加部分、およびこれに関わるすべての知的財産権に対するあらゆる権利を持つものとする。」

'Licensee owns …' とすれば十分である。原文ではライセンシーが義務を負わされている、と読まれかねない。

　次の規定は、パートナーシップとその創立メンバー間の変更契約にあったものである。設立当初は、メンバーはパートナーシップの経営に専念する義務を負っていたのだが、その後、一定の範囲で他の仕事に関与することを認めることにしたので、契約を修正したものである。

> Founding Member <u>shall</u> be permitted to engage in non-profit activities.
> 「創立メンバーは、非営利活動に携わることを許されるものとする。」

　人に付いているからといって、'shall' を義務として訳すことができないのは明らかであるが、「……ものとする」というまでもなく「許可されている」といってしまえばよいのである。その場合、'be permitted to' より 'may' の方が簡潔である。

> Founding Member <u>may</u> engage in non-profit activities.
> 「創立メンバーは、非営利活動に携わってもよい。」

　さて次の例は否定的な文章に 'shall' が使われた規定である。これも立法の 'shall' の乱用例である。

> Franchisee <u>shall</u> have no right under this Agreement to sub-license others to use the Proprietary Marks or the System.
> 「フランチャイジーは本契約上、専有マーク、またはシステムを、他の者にサブライセンスする権利を持たないものとする。」

　規定の趣旨は「権利を持たない」ということだから、そのことを事実として述べることにして、'shall' を削除して次のように書き換えればよい。

Franchisee <u>has no right</u> under this Agreement to sub-license others …

　もう1つの考え方は、この規定を「サブライセンスをしてはいけない」という禁止の規定とみるものである。その場合は禁止の 'shall not' を使うことが可

能である。'may not' でもよい。

Franchisee <u>shall not</u> sub-license others …

次の例には2つの問題がある。1つは上と同じような不要な 'shall'、もう1
つは「みなす」とする部分である[11]。

The terms of this Agreement <u>shall</u> <u>be deemed to be</u> Confidential
Information.
「本契約の諸条件は機密情報とみなすものとする。」

もともとそうではないものを何かに擬制するのなら「みなす」のはわかるが、
ここでは公開でも、非公開でもどちらでもありうるものを、最初から機密情報
として分類しているだけだから、'deem' は削除し、かつ事実の叙述として助
動詞なしで動詞の現在形で書くのがよい。

The terms of this Agreement <u>are</u> Confidential Information.

次の例も格好を付けるために 'shall' を入れたとしか思えない。

This Contract <u>shall</u> be written in Chinese and English languages.
「本契約は中国語と英語で作成されるものとする。」

これから契約書を作成するというなら、「指示」の意味で使うことはできる。
しかし契約書はすでに2か国語でできあがっているのである。そうだとしたら
この規定は事実の叙述なのだから、指示する意味はない。次のように書けばよ
いのである。

This Contract <u>is</u> written in Chinese and English languages.

11　第2章「2．一般条項に使われる動詞」参照。

3．'will' の用法

⑴ 'shall' と同じ意味での 'will'

　後で述べるように、現実にはそのように使われていないし、また以下に述べるところについては異なる意見がないわけではないが、原則的には契約英語では、'will' は 'shall' と同じ意味で使うことができる。'shall' の項目で述べたことは、立法の 'shall' の用法を除いて、等しく 'will' にも当てはまる。

　商取引に使われる契約書は 3 人称で書かれた文書であるから、1 人称、2 人称における 'will' の用法は出てこないはずである。

　まず 'shall' と同じ意味で使われた例から見てみよう。ライセンス契約の中の、ライセンス料の頭金一括支払条項である。

　Licensee <u>will</u> pay to Licensor a one-time payment in cash of fifteen million U. S. dollars（$15,000,000）.
　「ライセンシーはライセンサーに現金で1,500万ドルの一括支払をしなければならない。」

　ライセンシーからライセンサーに手紙を書いて、その中で「私、ライセンシーは……を払う所存です」というなら、ライセンシーの「意志」を示す 'will' になろうが、契約書ではそうはならない。義務の 'shall' と全く同じ使い方なのである。

　次の例は合弁契約からとられたものである。

　This Agreement <u>will</u> be reviewed periodically by the Operating Committee to determine whether revisions are necessary or appropriate.
　「本契約は改定が必要、または適切かどうかを決定するために、運営委員会によって定期的に見直されるものとする。」

　見直すべき義務を課しているもので、当事者は運営委員会をして、見直しをさせなければならない。指示の 'shall' と同じ働きをしている。

　次の 2 つは役員を雇用する同一契約中の規定である。双方の当事者の義務に
同じように 'will' が使われている。

> Executive <u>will</u> devote Executive's full business efforts and time to the
> Company.
> 「役員はそのすべての営業努力と時間を会社のために使わなければならない。」

> The Company <u>will</u> pay Executive an annual base salary of $100,000 as
> compensation for Executive's services.
> 「会社は役員の役務に対して、年間基本サラリーとして10万ドルの報酬を支払
> わなければならない。」

　しかし現実に多くの契約書を見ていると、その全部を通して 'will' を使って
いる契約書は極めて少ない（このことには次項で触れる）ほか、一見して 'will' が
義務のように使われているようでも、起草者の意識として義務と考えているの
かどうか、疑問に思う例も少なくない。
　次の例は雇用主側が作成した雇用契約書の中からとられたものである。

> The Company <u>will</u>, not later than one month after any change in
> particulars, provide you with a written statement containing details of
> the change.
> 「会社は、明細に何らかの変更があった場合は 1 か月以内に、変更の詳細を含
> んだ書面を貴職に提供しなければならない。」

　確かにこれは会社の義務である。そこで、そのように訳しておいた。しかし、
起草者は「義務」の 'will' とは思っておらず、むしろ「意志」の 'will' として
使っていて、「会社がそうするといっているのだから、責任を持ってそのよう
にするのは当然である」と考えているのではないだろうかと思われる。という
のは自らに対しては 'will' を使っておきながら、同じ契約書の中で相手の義務
については次のように、義務を表す 'must' を使っているからである。

> You <u>must</u> devote your full time, attention and abilities to your duties

during working hours, and act in the best interests of the Company at all times.

「貴職は、勤務時間中、すべての時間、注意、および能力を貴職の業務に集中しなければならないとともに、常に会社の最善の利益のために行動しなければならない。」

このような例は、個人を当事者とする契約では決して稀なことではない。第1章の冒頭に挙げたイギリスの鉄道規則を見ていると、鉄道会社が義務として行うべきことには 'will' が使われており、乗客の義務には 'must' が使われている。

鉄道会社の規則は厳密にいうと、鉄道会社が1人称の立場に立つので、すべての当事者が3人称で書かれる契約書とは少し異なる。とはいうものの企業間の契約でもこのような例はある。

Supplier <u>will</u> provide the Product（s）in accordance with this Agreement, and the Purchaser <u>shall</u> make payment in accordance with the terms specified in this Agreement.

「サプライヤーは本契約に従って商品を供給し、買主は本契約に従って支払をしなければならない。」

'shall' は義務を表している。では 'will' は何なのだろうか。明らかに売主の立場が勝っていることが、言葉の使い分けから伝わってくる。

このほかに、正しく使われているのではあろうが、読む側に率直にそう伝わってこない例も多い。特に否定の場合にそれが顕著である。次の例で、人に付いた 'will' は「義務」を表すと機械的に考えれば、その否定だから禁止の規定になり、特に不都合なところはない。

Other than in the performance of the Service Provider's duties for the Company, the Service Provider <u>will not</u> remove from the Company's premises any Company property or confidential information in any form.

「役務提供者の会社に対する義務を遂行する過程におけるのでない限り、役務提供者は会社の財産、およびあらゆる形の秘密情報を会社の敷地外に持ち出し

┊ てはならない。」

　しかし 'shall not' と書いてあれば禁止であるとわかるが、'will not' では即座に禁止のように響いてこないのではないだろうか。推測するに、読む側からいうと、'will' の方が何となく見たところが 'shall' よりも当たりが柔らかいので、義務の助動詞だとは感じられないのである。

　次の条項は船舶の裸傭船契約に出てきたものである。これも正しく使われた例で、'will not' は 'shall not' と同じだから、人に使われて「禁止」になるのだが、最初は「傭船者は変更をしない」と読めてしまい、考え直してその趣旨が禁止であることにたどり着く。

　　The Charterer <u>will not</u> make any material structural or other changes in the Vessel without the prior written consent of the Owner.
　「傭船者は所有者の事前の書面による同意なく、船に重要な構造的、またはその他の変更を加えてはならない。」

　このように実際には書き手側も、読み手側も 'shall' と 'will' を、全く同じに使ったり、読みとったりしてはいないように見受けられる。よほど心してかからないと、'will' を 'shall' と同じ意味の助動詞として使って、そのように理解してもらうというのは、難しいのである。

　やはり契約書として書くならば、'shall' を使った方がずっと素直に言いたいことが伝わるようである。

⑵　'will' と 'shall' の混用

　その次の問題として、'shall' も 'will' も同じことを表すとしたら、どのように使えばよいのかを考えてみる。答えからいえば、どちらか一方だけならよいが、両方を混用してはいけないということになる。契約書の中では同じことを表すのに異なる言葉を使ってはいけない。異なる言葉には異なる意味があるのだから、違う言葉を使うということは、違う効果を狙っていると解釈されてしまうおそれがあるからである。ところが現実には混用の例はいくらでもある。

　次の2つの例は売主が 'Build, Own & Operate'（BO & O）ベースで、発電設備を建てて、運用、売電する契約の中の条項である。義務の 'shall' 'will' の使

われ方を見てみよう。

Seller <u>will</u> design, construct, own, operate and maintain the Facility in compliance with the terms and conditions of this Agreement.

「売主は本契約の条件に従って、施設を設計、建設、所有、運営、および維持しなければならない。」

Seller <u>shall</u> modify its electric equipment or operations to promptly resume full deliveries of electric energy.

「売主は、迅速に全面的な送電を再開するために、自らの電気設備、または運転体制を、修正しなければならない。」

　2つの言葉は異なる意味に使われているのだろうか。そうだとしてその使い分けがすぐ見えてくるだろうか。そうは思えない。どちらも契約上の「義務」なのに、異なる助動詞を使っているのである。主語が違うなら、何らかの含みがあるとも考えられるが、2つの条項とも売主の義務である。
　次の契約はポートターミナルを有する港湾運営者が、鉱石の荷役、貯蔵を業とする会社と契約して、港湾設備の拡充を請け負おうとしているものである。ここでは指示の 'shall' 'will' について考えてみる。

The New Facility <u>will</u> be designed to be capable of providing the Services for up to five million (5,000,000) tons of Cargo per annum. The New Facility <u>shall</u> be designed to have the potential to double its capacity, subject to further terms to be mutually agreed between the Parties.

「新施設は、年間500万トンまでの貨物の取扱能力を有するよう、設計されるものとする。新施設は、当事者のさらなる合意に基づいて、その取扱能力を倍増することができるよう、設計されるものとする。」

　基本的な取扱能力は500万トンなので、港湾運営者はまずそれだけの能力を持った設備を作らなければならない。そのことを表す 'will' は、港湾運営者を対象とした指示である。さらに合意があればその能力を倍にするのも、港湾運

営者の義務であるから、'shall' も指示である。ではこの 2 つの語の重さは違うのだろうか、同じなのだろうか。これを見ていても全く判断が付かない。さらに契約書中の他の個所にこれを解くカギがあるのかどうかを見てみた。

The New Facility <u>shall</u> be completed within twenty four (24) calendar months from the commencement of construction.
「新施設は建設開始から、24暦月内に完成するものとする。」

The New Facility <u>will</u> be able to accommodate ocean vessels up to the dimensions described in Annexure 1.
「新施設は付表 1 に示された規模の海洋船を受け入れられるものとする。」

起草者は、無意識に何らかの基準を持って使い分けているのかもしれないが、これを見ていても基準はわからない。同じように指示の意味で使われている。
　次の例はよくある一般条項の 1 つである。契約はその当事者、およびその承継人等の利益のためにあり、かつこれらの者を拘束する、という趣旨が書かれているはずの条項である。

This Agreement <u>shall</u> inure to the benefit of and <u>will</u> be binding upon the parties hereto and their respective successors and permitted assigns.
「本契約は当事者の利益のために効力を持つものとし、かつそれぞれの当事者、その承継人、および許された譲受人を拘束するものとする。」

起草者の意図を推測して訳しておいたが、利益については 'shall' が、拘束性については 'will' が使われている。異なることをいおうとしているのだろうか。ほかの契約書例から同じ趣旨の条項を抽出して、比較してみよう。

This Agreement <u>shall</u> be binding upon and inure to the benefit of each Party to this Agreement and its successors and permitted assigns.

This Agreement <u>will</u> be binding upon, inure to the benefit of and be enforceable by, the Parties and their respective successors and assigns.

　いずれの例も「助動詞＋動詞」は一組しかなく（'shall be' 'will be'）、それが利

益にも拘束性にもかかっている。これで十分であり、こうでなければならない。上の例は次のように訂正すればよい。

This Agreement <u>shall</u> inure to the benefit of and be binding upon the parties hereto …

さて次の例はコンサルタント契約中の秘密保持条項の一部である。

> Consultant <u>shall</u> preserve such ideas and inventions as confidential during the term of this Contract and thereafter and <u>will</u> execute all documents necessary to vest title to such ideas and inventions in the Company.
>
> 「コンサルタントはそのような発案や発明を本契約期間中、およびその後も秘密に保存しなければならない、かつ、そのような発案や発明の権利を会社に帰するに必要なあらゆる書面を締結しなければならない。」

最初の 'shall' は「義務」を表しているのに対して、次の 'will' は「自ら進んで」という「意志」の 'will' と考えたのかもしれない。しかし契約書の中で「意志」の居場所はないことに加えて、そもそも 2 つの義務を規定しているのだから、どちらも同じ助動詞である必要がある。

次に挙げる例は 1 本の資産売買契約書中の、離れた場所にあった 2 つの文章である。いずれも売主に何らかの義務を負わせるものである。

> Sellers <u>will</u> provide Purchaser on a timely basis with all payroll and employment-related information with respect to each such employee.
>
> 「売主は適時に各々の従業員についての賃金台帳、および雇用関係の情報を買主に提供しなければならない。」

> Sellers <u>shall</u> provide to Purchaser the services listed in Schedule 5.14, and any other services reasonably requested by Purchaser to facilitate transition of the Transferred Business to Purchaser.
>
> 「売主は、譲渡された事業の買主への移転を円滑に進めるために、付表5.14に記載されたサービス、およびその他買主に合理的に要求されたサービスを提供

　しなければならない。」

　ここでは同じ「提供する（'provide'）」という行為に対して、異なる助動詞が使われている。では義務の質は異なるのだろうか。両方とも資産の移転にあたって、買主が円滑に事業を承継できるように、売主のすべきことを約束したものである。どちらかの義務が他方よりも緩いとも思えないし、そうする理由もない。であるのに助動詞が異なっている。

　このように 'shall' との混用によって、同一契約内で疑義や矛盾を作り出してしまうのが、'will' のよく見かける問題である。なぜ混用が起こるのかを考えてみると、1つはどうしても「義務」「指示」ということを強調、確認するところでは、'shall' を使いたくなることにありそうである。実際そのことを自認したような規定すらある。

　The word "will" shall be construed to have the same meaning and effect as the word "shall".
　「'will' は 'shall' と同じ意味と効果を持つ語と解釈するものとする。」

　こんなことを書くぐらいなら、どちらかで統一すれば済むことではないだろうか。'will' に対する信頼があまり深くないことを、はからずも示しているのかもしれない。

　1つの可能性として、手分けして文案を作ったときに、担当者の間で意思統一ができていなかったのかもしれない。長大な契約書を作成するときには、ありそうなことである。あるいは叩き台とした複数の契約例中の差異に起因するのかもしれない。

　いずれにしても2つの単語の混用は、百害あって一利なしといえる。

(3) 'shall' とは異なる 'will' 独自の用法

　さて 'shall' は「義務」「指示」のほかにも、誤用も含めて契約書中で色々な意味に使われているのが現実である。しかし 'shall' を3人称の「未来」を表わすために使うことはない。これに対して 'will' は「未来」を表わすために使われることがある。

　ただ一般論として契約書は法律と同じく、適用される各々の時点でその時現

在の規則となるように書くもので、締結時に視点を固定して、契約内の事項は将来起こることとして構成するものではないので、このような用法は限られた例と考えるべきである。

> Purchaser must arrange for transportation of the Spare Engine（s）from the Delivery Location to the facility where the Kits <u>will</u> be installed.
> 「買主はスペアーエンジンを引渡場所から、キットが据え付けられるであろう施設に運送する手配をしなければならない。」

この規定は飛行機のスペアーエンジンとキット（エンジンを短時間で積み替える道具一式）の売買契約である。エンジンは売主の工場（'the Delivery Location'）渡し条件（'Ex Works'）によるので、買主は引取りのための運送の手配が必要だといっているのである。キットは買主が別途引き取って据え付ける。キットを据え付けなければエンジンは使えないが、かといって据え付けるかどうかは買主の自由である。したがってこの 'will' を、買主に対する指示の 'will' と考えることはできない。そうすると上の訳のように、「未来」の 'will' の用法と考えるのが妥当である。'will' を使わないなら

where Purchaser intends to install the Kits

──とすればよい。単純に

where the Kits are installed

──でも通じる。

「表明と保証」条項に見られる現状と将来に関する規定は、締結時（時にはクロージング時についても）の状態を現在のこと、その後のことは将来のこととして規定するものである。これは 'shall' では置き換えられない。この用法の場合は 'will' が未来であることはすぐわかる。

> The Seller represents and warrants to the Purchaser that: … the execution of this Agreement by the Seller and the consummation by the Seller of the transactions contemplated hereby, does not and <u>will</u> not（a）conflict with or violate any provision of the Articles of Incorporation,

Bylaws or any Contract …
　「売主は買主に以下のとおり表明し、保証する：……売主による本契約の締結、および本契約に想定されている取引の完遂は、今現在も、また将来も（a）定款、補助定款、またはいかなる契約とも矛盾し、またはこれに違反しない……。」

もっとも現実には次のような例もある。

The Company hereby represents and warrants to Buyer that all of the statements in the following paragraphs of this Section 4 are true and complete as of the date hereof and <u>shall</u> be true and complete as of the Closing Date.
　「会社は買主に対して、本4条の下記の各項にある叙述は、本日現在、およびクロージング日には真実、かつ完全であることを表明、かつ保証する。」

　ここでは起草者は「指示」の用法に引っ張られて使っていると思われるが、'represents and warrants' と規定して、すでに義務と責任を負っているのだから、その後の部分にさらに指示を含める必要はなく、上の例と同じ理屈で 'will' を使えばよい。もし 'shall' を3人称について「単純未来」の意味で使っているとすると、不適切である。
　次の例はライセンス契約において、開示される秘密情報を開示・漏洩すると、重大な結果を引き起こしうるので、ライセンサーは通常の契約違反の救済（損害賠償）に加えて、差押え、差止めなどの命令を求めることもできる、という規定の前半部分である。

Because the licenses granted under this Agreement are personal and unique, and because Licensee <u>will</u> have access to and become acquainted with confidential and proprietary information of Licensor, the unauthorized use or disclosure of which would cause irreparable harm and significant injury …
　「本契約に基づいて許諾されるライセンスは属人的かつ唯一無二なものであり、ライセンシーはライセンサーの秘密かつ専属的な情報に接し、知ることができるゆえに、許可のない使用、または開示は取返し不能の害と重大な障害を惹き

起こすであろう……」

　ここでの 'will' は、人に付いているからといって「義務」の意味ではなく、契約締結後にライセンシーは情報に触れる機会があるので、という意味の契約締結時を基点とした「未来」の用法で、使い方としては正しい。なお、これに対してすでに実現している「属人的かつ唯一無二……」の部分は現在形の 'are' となっている。これはこれで問題はない。

4．'must' の用法

(1)　「義務」を表す 'must'

①　肯定文中の「義務」の 'must'

　契約書は誰にでもわかりやすく書かれるべきである、という契約書作成に関する動きの中で、「義務」の助動詞として、'shall' の代わりに 'must' を使うことが勧められている。個人を当事者とする雇用契約ではよく使われるほか（当事者にも 'Employee' などという固い言葉ではなく、2 人称の 'you' を使うことが多い。雇用主を指して 'we' が出てくることもある）、消費者を相手方とした契約書（例えば銀行取引の約定書、保険証券）に使われる機会が増えている。

　最初の例は雇用条件書である。

　　You will be subject to and <u>must</u> comply fully with all Company policies that are applicable to employees.
　　「あなたは従業員に適用のある会社の方針の縛りを受けるものとし、全面的にそれに従わなければなりません。」

　義務だからといって 'You … <u>shall</u> comply fully with …' と書くと、意味は変わらなくても、硬く、かつ高圧的な感じがするだろう。'must' の方が平明だし、受け入れやすくもありそうである。

　なお最初の方に 'will' が使われている。これは人に付いてはいるが、「義務」の 'will' ではなく、契約書としては例外的だが主語が 2 人称なので、話者の

「指示」の 'will' と考えられる。

　立法の 'shall' のような用法なのだが、当たりを柔らかくするために 'will' としたという解釈もある（ただし 'will' には立法の使い方はない）。

　あるいは契約締結時点で、「入社されたら、会社の方針の縛りを受けます」という、「未来」の 'will' と考えているのかもしれない。

　いずれの場合でも動詞の現在形を使って、'You are subject to …' と書けば十分である。

　次の2例はわかりやすい義務の用例である。

　　Each party <u>must</u> deliver all notices under this Agreement in writing to the other party at the address listed on the signature page.
　　「各当事者は本契約上のすべての通知を、署名ページに挙げられた相手方の住所に書面でなさなければならない。」

　この場合は義務といっても、そのとおりにしなかった場合に制裁が伴うものではなく、方式に従わなければ効果が発揮されない、というものである。'shall' にもそのような用法がある。

　　During your working hours you <u>must</u> devote the whole of your time, attention and ability to the business of the Company.
　　「勤務時間中は、あなたの時間、注意、および能力のすべてを会社の業務に集中しなければならない。」

　次の例はクレジットカード取引約定書からとられたものである。説明書きに、顧客の誰にも理解できるように、わかりやすい英語で書いたと注記してある。

　　You <u>must</u> immediately return all issued credit cards to us upon our request where we believe there is a good reason to request the credit cards to be returned.
　　「我々が、クレジットカードの返却を要求できる合理的理由があると考えた場合は、貴方は我々が要求したら直ちにすべての発行済みのクレジットカードを、我々のもとに返却しなければならない。」

　次は CIP（Carriage and Insurance Paid to）条件（Incoterms 2010）の売買契約から
とられた、商業契約での使用例である。

> 　Seller <u>shall</u> deliver the Products in accordance with the shipping
> schedule set forth on Appendix A hereto to the carrier. The Purchaser
> <u>must</u> indicate place of delivery, and Seller <u>will</u> instruct the carrier to ship
> the Products to such designated place.
> 　「売主は付表 A に記された船積スケジュールに従って、運送人に商品を引き
> 渡さなければならない。買主は引渡港を伝えなければならず、売主は当該港に
> 向けて商品を船積みするよう、運送人に指示しなければならない。」

　CIP という条件下では、売主が運送契約をするので、売主は目的港を知る必
要がある。そこで第 2 文の冒頭で、買主は売主に引渡場所（港）を伝えるよう
規定している。義務の 'must' の正しい使い方である。
　ところで第 1 文の 'shall' はどうか。売主に船積スケジュールどおりの船積
みを要求するのだから、義務づける目的である。第 2 文後半の 'will' も、売主
が運送人に指示することを要求する規定だから、義務の用法である（意志のよ
うに読めなくもないが、契約書なのでそうは訳さなかった）。たった 3 行の中で義務を
表すために、3 つの異なった助動詞が使われている。わかりやすいように
'must' を使おうとしたのであれば、混乱を防ぐためにも、3 個所とも同じにし
ておけばよかったと思われる。

②　「義務」の 'must' の否定形 'must not' は「禁止」

　人を主語にする文章で、「義務」用法の 'must' の否定形は 'must not' で、
'not …' する義務を負うことになり[12]、効果としては「禁止」を表すことになる。

> 　The Pledgor <u>must not</u> change its name without providing the Collateral
> Agent with at least 30 days' prior written notice.
> 　「質権設定義務者は少なくとも30日前の書面の通知を担保代理人に出すことな

12　'must' を義務の意味で使うときは、否定の 'not' は助動詞ではなく、動詞を否定する。

く、その名前を変えてはならない。」

A Participant <u>must not</u> make or retain copies or summaries of any Company documents.
「参加者は会社の書類のコピーや、概略をまとめたものを作成したり、保持してはならない。」

それぞれ「変えない義務を負う」「作成、保持しない義務を負う」というわけである。
さて禁止を表すには主語が人であることが望ましいが、「モノ」「こと」を主語にして受身の形で表すことも時にはある。

All Company customer data is confidential and <u>must not</u> be disclosed or used by Employee in any way other than as required to perform his duties as CEO.
「すべての会社の顧客情報は秘密情報であり、被傭者は CEO の仕事を遂行する上で必要な場合を除いて、いかなる場合もこれを開示、または使用してはならないものとする。」

次の例は、不可抗力条項の中にあったものである。

However, lack of credit, funding or financing <u>must not</u> be considered as something beyond one's reasonable control.
「ただし、与信、資金援助、または金融を得られないことは、合理的な支配を超える事由とみなされないものとする。」

⑵ 「必要」を表す 'must'

① 肯定文中の「必要」の 'must'

'must' には「必要」を表す用法がある。

All communications and notices to be made or given pursuant to these

Terms <u>must</u> be in the English language.

　「この条件書に従ってなされるべき、すべての意思表示、および通知は英語で
なければならない。」

　必要ということは、通知をする者はそうする必要があるのだから、結局は義
務であるということになり、ほとんど 'shall' の「指示」用法と同じような効
果を持つといえる。

The amount of the proposed Loan <u>must</u> be a minimum of £1,000,000.

　「ローンの申込額は少なくとも100万ポンドでなければならない。」

　借主が金銭を借りるときは最低100万ポンドである必要があるということは、
最低100万ポンドの申込みをしなければならないということになる。

　次も同じように保険を取得するときの必要条件ということになる。

All insurances <u>must</u> be with reputable independent insurance
companies or underwriters.

　「いかなる保険も名声ある独立した保険会社、または引受人に付保されなけれ
ばならない。」

　次も「指示」の 'shall' と同じように使われた、「必要」の 'must' の用例であ
る。

The provisions set out in this Deed are governed by and <u>must</u> be
interpreted in accordance with English law.

　「本捺印証書の条項は英国法に準拠し、解釈されなければならない。」

②　「必要」の 'must' の否定形は 'need not'

　必要用法の否定形は 'must not' ではなく、意味からして 'need not' というこ
とになる。

　次の例は社員等にストックオプションを付与する趣意書の中にあった規定で
ある。

Options granted pursuant to the Plan <u>need not</u> be identical but each Option <u>must</u> contain and be subject to the terms and conditions set forth below.

「このプランに沿って与えられるオプションは、全く同一である必要はないが、それぞれのオプションは下記の条件を含み、かつそれに従っている必要がある。」

ここでは必要があることとないことを、'must' と 'need not' で書き分けている。もし 'must' の否定を 'must not' と書いてしまうと、前半は

Options granted pursuant to the Plan <u>must not</u> be identical …

——となるが、これでは指示の 'must' の否定、つまり「全く同一であってはならない」という、否定的指示になってしまう。しかし原文は同一であることは排除してはいない。ということは 'must' が「必要」を表すために使われていることを、裏から証明することになる。

次の例も同じような考えの流れをしている。であるのに 'must' に戻らずに 'will' となっている。

Although the arbitrator（s）<u>need not</u> apply formal rules of evidence, the arbitration <u>will</u> be guided by the Federal Rules of Evidence.

「仲裁人は証拠に関する正式な規則を適用する必要はないが、仲裁は連邦証拠規則を手引きとして行われるものとする。」

後半にある 'will' は「指示」を表すことになる。それはそれで間違ってはいないが、上の説明からすれば 'must' でもよいことになる。ただし、この条項の直接的効果として、第三者である仲裁人を拘束し、義務づけることはできない。

⑶ 'must' の使用方法に検討の余地のある場合

'will' は 'shall' と同じに使いうるが、現実にはその2つが混用されたときには、同じことを表すのに異なる言葉を使う、という問題を引き起こすことを指摘しておいた。'must' についても同様の問題が見られる。'shall' や 'will' と同じ目的で使われているのはよいのだが、それらと混用されているのである。

　例えば次の例は雇主による解除条項であるが、同じ主語に対して両方の助動詞が使われている。最初は「必要」、次は「指示」である。しかし意味を考えれば、どちらかに統一すればよいことがわかる。

　Any notice of termination pursuant to this Section 5.1 <u>must</u> be in writing, and <u>shall</u> specify the action or actions constituting "Cause".
　「本5.1条に基づく解除通知は書面でなければならず、『〔解除〕事由』を構成する行為を特定しなければならないものとする。」

　次の2つの例はいずれも人を主語にしている。わざわざ助動詞を違えている理由は定かではないし、どちらかに統一しても全く差し支えないと思われる。どちらに揃えても「義務」用法となる。

　Such Lender <u>must</u> pay a processing fee in the amount of $5,000（and <u>shall</u> also reimburse the Agent for any reasonable out-of-pocket costs）.
　「当該貸主は事務費用として5,000ドルを支払わなければならない（さらにエージェントの合理的な自己負担の費用を補塡しなければならない）。」

　Contractor <u>must</u> furnish all tools and materials necessary to accomplish this Contract, and <u>will</u> incur all expenses associated with performance.
　「請負人は本契約の履行に必要なすべてのツールと原材料を供給しなければならず、さらに履行に伴うすべての費用を負担しなければならない。」

　次の例も主語が同じで、ことさら変える目的はよくわからない。主語の'such a waiver'が当事者ではなく事項なので、'must'に統一すれば「義務」用法ではなく、「必要」用法である。'shall'に統一するなら「指示」用法ということになる。

　Any Party may waive the terms and conditions of this Agreement, provided that such a waiver <u>must</u> be provided in writing and <u>shall</u> require the signatures of the Parties.
　「いずれの当事者も本契約条件の権利放棄をすることができる、ただし権利放

棄は書面ですることを要し、当事者の署名を取得しなければならない。」

ただし本例の 'shall' は立法用法の例とも考えられるが、その場合でも動詞が十分に目的を説明しているので、助動詞を使うことなく 'requires' でよい。

若干、横道にそれるがもう 1 つ全く異なる考え方がある。上では 'provided that' 以下をただし書として考えたが、この部分は条件だと考えることもできる。つまり

「権利放棄が両当事者に署名された書面でなされることを条件に、いずれの当事者も本契約条件の権利放棄をすることができる。」

——というわけである。その場合には、条件を表す文章は動詞の現在形を使って書けばよい。

Any Party may waive the terms and conditions of this Agreement, provided that such a waiver is provided in writing signed by the Parties.

次の例でも両方が使われている。

　　All notices and other communications must be in writing and shall be deemed to have been duly given when received if delivered by hand.
　　「すべての通知、およびその他の意思表示は書面でなされなければならず、手渡しされた場合は、受領された時に適法になされたものとする。」

最初の 'must' は指示の 'shall' に置き換えられる。では逆に、後の 'shall' を 'must' に置き換えられるかというと、それでは起草者の意図を、少しながら曲げてしまうことになる。「手渡しされた場合は、受領された時になされたものとみなす必要がある」となってしまうからである。揃えるならば 'shall' にするのが自然だろう。ただし 'shall' を使う必要はなく、後半の部分は 'and are deemed to have been …' でもよい。そうしたとすれば 'must' をそのままにしておいてもよい。

このような混用による混乱を見越して、次のような規定を解釈条項に置くめずらしい例がある。

In this Agreement, unless the context requires otherwise, where this Agreement states that a Party "shall", "will" or "must" perform in some manner or otherwise act or omit to act, it means that the Party is legally obligated to do so in accordance with this Agreement.

「本契約においては、文脈によりそれ以外の解釈が要求される場合を除いて、この契約がある当事者について、"shall" "will" または "must" を使って何らかの方法で履行することを規定したり、または作為、もしくは不作為を規定する場合は、当該当事者が本契約に従ってそうする法的義務を負っていることを意味する。」

しかし3つの言葉は人に付いて使われた場合は、等しく「義務」の意味に使われている、というなら最初から1つにすればよさそうなものだし、文脈によっては別途の解釈があるというのでは（もっともこれは単なる決まり文句のつもりだろうが）、結局違うこともありうると自白しているようなもので、頼りない印象は免れない。

5．'should' の用法

(1)　契約書では 'should' を「義務」の意味で使わない

'should' は「義務」「当然」などを表す助動詞だが、この場合の「義務」とは、「そうすることが正義である、理に適う」といった社会的、道徳的な意味の義務を表すものである。法律上や、契約上の義務ほどの強行性を表す語ではない。「当然」も同じである。

したがって契約書では使わないと心得ておくべきである。もちろん現実には 'should' が使われている例は数多くあり、それらを間違いであるということはできないが、'shall' を使うべきである。いくつか実例を見ていこう。

The principal amount outstanding and any outstanding interest <u>will</u> be repaid on the Maturity Date. The payment <u>should</u> be made within 10 banking days after the Maturity Date. All payments <u>shall</u> be first applied to interest and the balance to principal.

　「未払いの元本、および未払いの利息は満期日に支払うものとする。支払は満期日の翌日から10銀行営業日以内になされるものとする。すべての支払はまず利息に充当され、次に残額は元本に充当されるものとする。」

　第2文の 'should' は人ではなく事項に付いているので、「義務」というよりは、「当然」つまり、「そうなるべきである、そうするべきである」という意味で、借主に指示していることになる。'shall' の指示用法と同じような使われ方だと思われる。そうならば指示であることがはっきりしている 'shall' を使えばよい。

　この例ではたった3行の中に、'will'、'should'、'shall' の3語が同じ意味で使われている。いずれも金銭の支払に関することで、道徳的な含みは何もなく、違えれば契約違反になることである。それなら 'shall' に統一すればよいということは、今まで述べてきたとおりである。

　次の例で2回出てくる 'should' はいずれも「……とするものとする」という意味で使われている。ところが最初の 'shall' も同じ意味で使われている。'shall' を使い通すべきである。

　　Any dispute arising out of this Agreement <u>shall</u> be resolved by the Parties through friendly negotiation. If the Parties could not reach an agreement, either Party may submit the dispute to China International Economic and Trade Arbitration Commission. The arbitration <u>should</u> be held in English. The arbitration award <u>should</u> be final and binding upon the Parties.
　　「本契約から発生するすべての紛争は、当事者の友好的交渉を通じて解決するものとする。合意することができないときは、いずれの当事者も紛争を中国国際経済貿易仲裁委員会〔の仲裁〕に付託することができる。仲裁は英語で行われるものとする。仲裁判断は終局的で当事者を拘束するものとする。」

　次の規定は売買契約で、もし商品が仕様に合致していないと思われたら、買主は売主に不一致を述べたレポートとともに商品を送り返すことを求めるものである。買主は契約上、および法律上の救済を得ようとしたら、商品を返送しなければならない。それなら義務を表す 'shall' を使えばよい。もっとも義務

といっても、そうしなければ契約違反になるというものではなく、そうすることが権利行使の前提条件となる、そうしなければ権利は行使できないという意味である。

> BUYER should send to SELLER the non-conforming GOODS report and alleged non-conforming GOODS.
>
> 「買主は商品の仕様不一致報告と、不一致を申し立てるべき商品を売主に送付しなければならない。」

次の例は役務の提供を希望する場合は、事前の要請を出すことを求めるものである。この場合も要請を出すことは契約上の要件なのだから、指示の 'shall' を使えばよい。

> The request for Services should be submitted to Nortel Networks at least one（1）month prior to the requested start date of such Services.
>
> 「サービスに対する要請は、そのサービスの開始日から少なくとも1か月前に、Nortel Networks に提出されるものとする。」

⑵　'should' を使うことができる場合

仮定法の従属節（条件節とも呼ぶ。'if' で始める部分）で、語順を倒置して 'if' を省略するときは、'should' が文頭に来る。これには問題はない。仮定法であるから、義務とは何の関係もない。

> Should any provision of this Agreement be or become unenforceable, the Parties to this Agreement shall use reasonable endeavours to agree upon a new provision which shall as nearly as possible have the same commercial effect as the ineffective provision.
>
> 「もし本契約のいずれかの条項が強行不能であったり、そうなったりした場合は、当事者は合理的な努力を尽くして、効力を有さない条項とできるだけ同じ実際的な効力を持った新しい条項に合意しなければならない。」

この例では文頭の 'should' が仮定文を作るものである。倒置を元に戻せば

If any provision of this Agreement <u>should</u> be or become unenforceable, …

──となる。この 'should' の用法は、仮定されていることの実現性が低いと考えていることを示す。現在では直説法で 'If any provision of this Agreement <u>is</u> or <u>becomes</u>' と書けばよい。

例文中の最初の 'shall' は当事者に義務を負わせる 'shall' である。2番目の 'shall' は「……ものとする」という立法の用法であるが、'which as nearly as possible has' とすればなくてもよい。

次の例の 'should' も仮定法の従属節における用法である。'shall' が指示および義務の用法であることについても、特に目新しいものはない。最初の 'shall' は原則を宣言する機能を果たしていると考えてもよいが、'prevail' という色彩のはっきりした動詞があるのだから、助動詞は使わなくても構わない。

<u>Should</u> there be a discrepancy between the German and the English versions of the Articles, the English version <u>shall</u> prevail and the Parties <u>shall</u> amend the German version of the Articles to reflect the meaning of the English version.

「万一、条項のドイツ語版と英語版の間に齟齬があった場合は、英語版によるものとし、当事者は英語版の意味を反映するように、ドイツ語版の条項を修正しなければならない。」

さて契約書にはあまり出てこないが、もう1つは仮定法現在（Subjunctive Present）[13]といわれる構文で、'it is necessary' や 'it is important' などという語句に続く名詞節の中での 'should' の用法である。'should' を使わずに、動詞の原形が使われることもあるので、あわせて挙げておく[14]。ただしこのような用法は文語的で、こういわなければならないというものではない。単純に動詞の単数現在形、次の2例では 'is' でも構わない。読むときに認識できさえすればよく、書くときにこだわる必要はない。

<u>It is not necessary</u> under the laws of the Jurisdiction <u>that</u> any Finance

---

13　仮定法現在については第2章「4．原形の動詞の使用──Subjunctive」も参照。
14　「10．副詞節の中の助動詞」参照。

Party should be licensed to carry on business in the Jurisdiction.

　「管轄地の法律によれば、融資当事者がその場所で営業をするにあたって許可を得ていることは必要とされていない。」

It is important that both the existence of this program and your participation be kept strictly confidential.

　「本プログラムの存在、および貴職の参加の秘密は厳格に守られることが必要である。」

6．'may' の用法

　'may' は一般的には「推量」、「許可」、「可能」、「未来（将来に起こりうること）」などを表すときに使われる。契約英語という見地からみれば、主に「権利」と、「裁量」、あるいは「許可」を表すために使われる。「何かができる」「裁量で行動してよい」「してもよい」という意味合いである。これらはいずれも 'may' の「許可」の意味から出ている。

　当事者が契約の定めに従って何かを主張でき、その場合に相手方はそれに応じなければならない、という権利者・義務者の相対する関係で使われれば、「権利」ということになる。義務者を想定しない状況で使われれば、「裁量」「許可」ということになる。このような場合を「特権」と表現する場合もある。「権利」と「裁量・許可」の境界線は必ずしもはっきりしていない。

(1)　権利の 'may'

　まず権利を表す 'may' の用例を見てみよう。あえて「権利を有する」と訳しておいたが、「……ことができる」と訳してもよいだろう。

The Borrower may, on any Business Day during the Availability Period, make a drawing under the Facility.

　「借主は、引出可能期間中の営業日であればいつでも、貸出枠から引出しをする権利を有する。」

　この契約によれば借主が引出しするといえば、貸主は貸す義務を負う。した

がって借主の権利である。

> The Buyer <u>may</u> order quantities of the Products in addition to those specified in the then-current Rolling Forecast subject to the Manufacturer's total capacity constraints.
> 「買主は、その時に有効な更新購入予想に記載された量を超えた量の商品を注文する権利を有するが、ただし製造者の総生産可能量には従う。」

買主には注文する権利があり、売主はそれに従う義務がある。

> The Employee <u>may</u> terminate this Agreement without any reason by giving the Company no less than two（2）month's prior notice.
> 「従業員は少なくとも2か月の事前の書面通知を会社に出すことによって、理由を付することなくこの契約を解除する権利を有する。」

従業員が解除権を行使すれば、会社はその決断を受け入れ、契約継続の利益を失う。

これらの例では主語が人になっていたが、「モノ」「こと」が主語になった場合でも、記載事項の源泉が権利であれば、間接的に権利を表すことができる。ただし以下の例文を見ればわかるように、あえて権利とみずに、そうする裁量・許可と読むことも可能である。

次の例は直前の例と通じるところがあるが、受動態で書かれている。いずれの当事者にも契約解除権がある。

> This Agreement <u>may</u> be terminated immediately by either Party upon written notice to the other Party if: …
> 「本契約は以下の場合に、一方当事者の他方当事者に対する書面の通知をもって、直ちに解除されうる：……」

次の例は株主間協定である。各株主は経営協議会のメンバーを任命し、いつでも解任したり、交替させたりすることができる。前後の規定を見ていると、当該契約上は株主の「権利」として構成されているのだが、任命権者の「裁

量」と考えることも可能である。

　　A Board Manager <u>may</u> be removed and replaced by the Shareholder
who appointed such Board Manager at any time upon written notice to
the other Shareholder.
　「経営協議会のメンバーは、そのメンバーを任命した株主が、相手方当事者に
書面で通知することによって、いつにても解任、および交替させうる。」

　次の例は発行者の同意条件にはなっているが、エージェントは義務から免れ
ることができるのだから、権利とみた方がよさそうである。

　　Any of the duties and obligations of the Agent in Sections 1, 2 and 3
<u>may</u>, with the consent of the Issuer, be delegated by the Agent to a third
party.
　「1条、2条、および3条のエージェントの義務は、発行者の許可を得て、エ
ージェントによって第三者に引き受けさせることができる。」

(2)　権利の 'may' の代用表現としての 'be entitled to' など

　権利があるということを 'may' で表わそうとしても、一見して権利の記述で
あるということがわかりにくい場合がある。そのようなときは、代わりに 'be
entitled to' 'have the right to' などで表現する方がよい。「アドバイザーは、ア
ドバイス料として1万ドルを受け取る権利を持っている」ということを

The Advisor <u>may</u> receive $10, 000 as an advising fee.

　　──と書いたとしたら、大抵の人はアドバイザーに「権利」があると読むよ
り、まず「可能」と読むか、下手をすると「推量」と読んでしまうであろう。
残念ながら、'may' には義務における 'shall' ほどに確立した地位がなく、この
ように誤読されてしまうことがある。だからといって、時々みることがあるが

The Advisor <u>shall</u> receive $10,000 as an advising fee.

　　──といったのでは義務の 'shall' の誤用になってしまう。
　そこで使われるのが、権利であることが一見してわかる 'be entitled to' や、

'have the right to' である。

　The Advisor is entitled to/has the right to receive $10,000 as an advising fee.

　いくつかほかの事例を見てみよう。次の例は仲裁条項からとられたもので、仲裁に勝った当事者は相手方に諸費用の請求ができることを規定した条項である。

　The prevailing party shall be entitled to recover from the other party its costs and expenses, including reasonable attorney's fees.
　「勝者は相手方から、弁護士費用を含む諸費用の支払を受ける権利を有する。」

　これを

The prevailing party may recover from the other party …

　——と書き直しても、人は権利を規定しているとは思わず、一読したところでは「推量」の 'may' とみてしまうであろう。ところが契約書だから曖昧なことを書くはずもないから、「支払を受けるかもしれない」ということは、「支払を受ける」のだから、結局「受けることができる」ということだろうか、と考え進む。そんな過程をたどらなければ答えに到達できないのでは、望ましい契約書の文章とはいえない。そこで 'be entitled to' が出てくるのである。なお 'shall' は不要なので除いておく。

　The prevailing party is entitled to recover from the other party …

　もう１つ 'may' よりも 'be entitled to' がよいと思われる例を挙げておこう。

　The Shareholder shall be entitled to receive all dividends and any other distributions declared on the Shares.
　「株主は株式について宣言されたすべての配当、および他の分配金を受け取る権利を有する。」

　これも 'may' で書いたのでは、「可能」か「推量」でしかないと誤解される

おそれがある。株主からしてみれば、確実に権利であることがわかるように書いてほしいと、要求するであろう。次のように解決する。上と同様に 'shall' は外した。

The Shareholder <u>is entitled to</u> receive all dividends and …

次の規定も権利だからといって 'may' としてしまうと、起草者の思うところが真っすぐに伝わってこない。'the Company has the right to require …' とすれば誤解はない。

Where the Capital Contributor fails to pay the Capital Increase Fund in full amount on schedule, the Company <u>shall</u> <u>have the right to</u> require the Capital Contributor pay 25% of the total Capital Increase Fund to the Company as liquidated damages.
「出資者がスケジュールどおりに増資金を全額支払わなかった場合、会社は当該出資者に全増資金の25%相当額を、約定損害賠償金として会社に支払うよう要求する権利を有する。」

上に挙げた代用表現のほかに、実例としては 'be authorised to' 'be free to' や 'has the option to' なども見かける。いずれもあまり広く使われているわけではない。'authorise' という言葉は「権限を授けられて何かをすることができる」という場合に用いられる。'free' は「拘束を受けない」というニュアンスを出したいときに使われるようである。時には裁量と考えた方がよいこともある。それぞれ次のような例がある。

最初の例は政府との生産物分与契約中の条項である。この場合は権利ではあるが、国が権利を授与しているのだから、'authorise' というこの言葉の本来の意味での用法であるといえないこともない。

The duration of an exclusive production permit, during which time the Contractor <u>is authorised to</u> produce a commercial Field, is set at twenty-five (25) years.
「コントラクターが石油、ガス田の開発、生産を行う排他的生産許可の期間は25年である。」

　次の例は代理店契約で、代理店は契約解除後も一定の条件下で在庫の販売を継続できるという規定である。これは代理店の権利なのだが、相手方が作った契約書なので、このような言葉を使ったのであろう。権利か裁量かは判断の難しいところである。

　　The Distributor shall be 〈→ is〉 authorized to sell its remaining stock of Products in accordance with the terms of this Agreement during a period of 6 months after the Termination Date.
　「代理店は解除日から 6 か月は、本契約の定めに従って、残余の商品在庫を販売することができる。」

　次の 2 つは 'free to' の用例である。「自由に何かをしてよい」という意味合いを強調するために使っていると思われる。2 つとも権利とも裁量ともいえそうである。

　　However, if the Parties are not able to agree on such a lease agreement then the Owner shall be 〈→ is〉 free to lease the Storage to a third party.
　「ただし、もし当事者がそのような賃貸借契約に合意できないときは、所有者は倉庫を自由に第三者に貸してもよい。」

　　The Investment Management Services are not to be deemed 〈→不要〉 exclusive, and the Investment Adviser shall be 〈→ is〉 free to furnish similar services to others so long as its services under this Agreement are not impaired thereby.
　「投資マネジメントサービスは排他的なものではなく、投資アドバイザーは、本契約に支障を与えない限り、他の当事者にも自由に同様のサービスを提供することができる。」

　次の例は権利と考えてよいだろう。

　　The party not in default has the option to treat such failure to pay as a material breach of this Contract, and may cancel this Contract.

> 「契約違反をしていない当事者は、そのような支払の不履行を本契約の重大な
> 違反として、この契約を解除することができる。」

'option' ということは、そうしてもしなくてもよい、ということを表している。不払いがあったら、それを重大な契約違反と考える権利を持っているが、そう考えないことも自由である。そして重大な違反なのだから、解除することができるが、もちろん解除しなくてもよい。解除については、後の方でより一般的な用語である 'may' を使っているのだから、むしろそちらに揃えればよい。

(3)　裁量・許可の 'may'

'may' は「……してもよい（しなくてもよい）」「……をすることができる」という「裁量」（文法書では「許可」という）の意味でも使われる。もっとも前項で述べたように、「権利」との境界は明瞭ではないこともある。

　まず主語が人の場合から見ていくこととする。最初の例は 'in its sole discretion'[15] とあるので「裁量」と性格づけられるが、'may' を 'is entitled to' と置き換えても問題はなく、「権利」と考えても支障ないケースである。いずれであれ銀行にとっての結果は同じである。

> The Issuing Bank <u>may</u>, in its sole discretion, either accept and make
> payment upon documents presented which appear on their face to be in
> substantial compliance with the terms of the Letter of Credit or refuse to
> accept and make payment upon such documents if such documents are
> not in strict compliance with the terms of the Letter of Credit.
> 「発行銀行は、信用状の条件に実質的に一致していると表面上認められる書類
> が呈示されれば、その裁量において、これを受領して支払をしてもよいし、そ
> の書類が信用状の条件と厳格に一致していないということで、受領して支払う
> ことを拒絶してもよい。」

15　この句は 'may' が義務を表すと解されてしまうのを防ぐために入れることがある。確か
　　に法律文で 'may' は義務を表すとされた裁判例があるようだが、契約書の中では「義務」
　　用法で使われることはないといってよいだろう。

　信用状（Letter of Credit）取引では、発行銀行は呈示された書類が、信用状の条件と厳格に一致していなければ、支払の義務を負わないが、現実にはほんのわずかな相違は、いちいち開設依頼人に確かめることなく支払うようだし、英国の判例にもそのような支払の効力を認めるものがある。この例では銀行が自分の裁量、判断でそうしてよい、その判断をする権利を持っている、ということを規定している。
　次の例文は会社と従業員の権利・義務関係を前提にしたものではない。会社が作ったプログラムへの参加に条件を付けるかどうかは、会社の裁量の内である。

　Company <u>may</u> condition participation in the Programs upon the Employee's compliance with certain requirements.
　「会社はプログラムへの参加を、従業員がいくつかの要件を満たすことを条件にすることができる。」

　次の定めは仲裁条項によく見られるもので、当事者はそうすることができるという裁量・許可を表すと考えてよい。

　If a Dispute is not resolved through friendly consultations within thirty（30）days, then each Party <u>may</u> submit the Dispute to CIETAC for arbitration.
　「もし紛争が30日以内に友好的協議によって解決されないときは、いずれの当事者も紛争を CIETAC による仲裁に付することができる。」

　本例の 'each' は適切ではなく、当事者が２者なら 'either'、それを超える多数なら 'any' とすべきである[16]。
　次に「モノ」「こと」が主語になった場合の例文を見ていこう。最初の例は企業買収契約からとられたものである。クロージングの前提条件が、一方的に放棄されうることを規定している。「放棄」という行為の主体である売主は、

16　このことについて第２章「２．一般条項に使われる動詞　③不可抗力（Force Majeure）条項において使われる動詞」参照。

自分に有利な条件を自らの裁量によって放棄することになる。

> The obligation of the Seller to proceed with the Closing is subject to the satisfaction on or prior to the Closing Date all of the following conditions, any one or more of which <u>may</u> be waived in writing, in whole or in part, by the Seller: …
>
> 「売主がクロージングを行う義務は、クロージング日、またはそれまでに以下の条件のすべてが成就されることを条件とするが、条件の1つ、またはそれ以上の成就は売主に書面によって放棄されうる：……」

次の例における契約修正行為は、いずれにとっても権利の行使というわけではない。合意すればそういうことが許されるというだけのことである。

> This Agreement <u>may</u> be modified or amended only by the written agreement of the parties hereto.
>
> 「本契約は当事者の書面による合意によってのみ修正、または変更することが許される。」

次の規定は契約書の作成の方法に関するものである。当事者の権利・義務とはつながらない。そういうことができることにしよう、という許可の例ということになろう。

> This Agreement <u>may</u> be executed in counterparts (and by different parties hereto on different counterparts), each of which <u>shall constitute</u> 〈→ constitutes〉 an original, but all of which when taken together <u>shall constitute</u> 〈→ constitute〉 a single contract.
>
> 「本契約は複数の正本で締結されうるが（本契約の異なる当事者が、各々異なる正本によって）、各々は原本を構成するものとし、すべてで1本の契約を構成するものとする。」

条項の意味を簡単に説明しておく。契約書は通常は当事者が一堂に会して、当事者の数だけ用意された契約書類全通に、各当事者が署名する。しかし当事

者が多い、忙しい、急いでいるなどの理由で、予定した署名時に全員が同じ場所に集まれないこともある。そのようなときに各当事者が自分のいる場所で、自分用の1部の契約書の署名欄に署名し、各々が署名した署名ページを全部集めれば[17]、当事者全員の署名が揃って、1本の契約書ができあがるという形にすることがある。そのような場合は上の文言が意味を持つ。ただ国によってはそのような書類の作成を認めないか、裁判の証拠として使えないこともあるようなので、事前に調べておくことを要する。

　次の例も「モノ」「こと」を主語にして、借主が特定の用途にだけに資金を使える許可を与え、それ以外は認めないことを表す。

　The Term Loan <u>may</u> only be utilized for the purpose of financing the ABC Acquisition and costs and expenses incurred in connection therewith.
　「タームローンは ABC の買収のための金融と、それに関わる費用の目的だけに使用することができる。」

　契約書はできるだけ当事者を主語にして書く、という見地からは次のように書き換えられる。'may' が「裁量」「許可」を表すことがよくわかる。

The Borrower <u>may</u> utilize the Term Loan only for the purpose of financing the ABC Acquisition and costs and expenses incurred in connection therewith.

(4)　未来の 'may'

　将来に起こりうることを「起こるであろう」といったニュアンスで、'may' を使って表すことができる。

　All references in this Agreement to a document or schedule <u>shall include</u> 〈→ include〉 a reference to the document or schedule as <u>may</u> be amended, supplemented or novated from time to time.

17　とりあえずファックスや PDF ファイルでとりまとめることもある。

　「本契約中で書面、または付表に言及するときは、それらが今後、時々に変更、追加、または更改されたものを含むものとする。」

　最初に作成した契約書が「付表」に言及したとする。これは作成時の付表を指す。ではその付表がその後当事者の合意で適法に変更等されたら、契約書中の「付表」は当初のものを指すのか、変更後のものを指すのかという疑問が出てくる。これに備えて「今後の変更等は、これを織り込んで読むこととする」という規定である。変更、追加、更改等は締結時からみて将来起こりうることとして、想定されている。それらを考慮に入れて「未来」の 'may' を使っているのである。

　The Buyer and the Seller shall ensure that Closing <u>shall take place</u> 〈 → takes[18] place〉on a Business Day mutually acceptable to the Parties ("Closing Date") and at such place and time as <u>may</u> be agreed between the Parties in writing.
　「当事者はクロージングが、買主と売主の双方に受け入れ可能な営業日（以下「クロージング日」という）に、今後当事者が書面で合意するであろう場所、および時刻に行われることを、確保しなければならない。」

　これは企業買収契約である。契約締結時にはクロージングの場所、時刻とも定まっていないが、今後適宜合意されることはわかっている。そこで 'may' を使っている。これが「推量」や「可能」の 'may' でしかないとしたら頼りないことである。
　次の例も同じように今は決まっていないが、将来当然に決まることを前提にして書かれた規定である。

　All payments by the Borrower under the Finance Agreement must be made to the Facility Agent to its account at such bank in Hong Kong as it <u>may</u> notify to the Borrower for this purpose.

18　前に 'ensure' があるので、'take' と原形で書かれることもある。第 2 章「4．原形の動詞の使用──Subjunctive」参照。

　「融資契約上の借主の支払は、すべて融資エージェントがその目的のために通知する、香港の銀行の口座になされなければならない。」

　ここでいう「その目的」とは「入金のため」という意味である。この取引においては時々、もしくは都度、入金口座が指定される可能性があるようである。'may' が「推量」や「可能」では借主は送金できない。

　The provisions of this Agreement are severable and if any one or more provisions <u>may</u> be determined to be illegal or otherwise unenforceable, in whole or in part, the remaining provisions shall nevertheless be binding and enforceable.
　「本契約の条項は分離可能であり、もし１つ、またはそれ以上の条項の一部、または全部が違法、または強行不能とされた場合でも、残りの条項はそれにもかかわらず、拘束力を持ち、強行可能であるものとする。」

　今後のことという意味で 'may' としてもよいし、仮定文の条件節なので 'should' でも構わない。より現代的にするなら 'are' とすればよい。

(5) 'may not' は禁止を表す

　人を主語とする文章で、禁止を表すには 'shall not' や 'must not' が使えるが、'may not' も同じく禁止を表すことができる。この場合は「許可」の 'may' の否定ということになる。'may' の場合は、主語は人でも「モノ」「こと」でもよい。

　The Licensee <u>may not</u> use the Intellectual Property for any purpose other than that which is expressly set out herein.
　「被許諾者は、本契約に明文で記載ある以外のいかなる用途にも、知的財産権を使用してはならない。」

　The Distributor <u>may not</u> assign any of its rights or transfer any of its obligations hereunder without the prior written consent of the Company.
　「代理店は会社の事前の書面による同意なく、本契約上の権利を譲渡し、また

は本契約上の義務を移転してはならない。」

This Agreement <u>may not</u> be varied or amended except by the mutual written agreement of and signed by the Parties.
　「本契約書は当事者双方に署名された書面による合意によるほかは、変更、修正されてはならない。」

　次の例は、銀行がある取引について、相手方のために作成した意見に関するものである。銀行はその意見書に記載されていることを、それ以外の目的で頼ってはならない旨、顧客に確認させようとしている。

This opinion is rendered solely to you in connection with the above matter and <u>may not</u> be relied upon for any other purpose.
　「本意見は上記の事項に関して、貴方だけのために作成されたものであり、それ以外の目的で依拠されてはならない。」

　寄り道をして、許可の否定としての 'may not' について、少し文法的な解説を付け加えておくと

The Licensee <u>may not</u> use the Intellectual Property …
「被許諾者は知的財産権を使用してはならない……」

　──では、'not' は助動詞 'may' を否定している[19]。つまり「許可しない」ということによって、「禁止」しているのである。ところが、訳文では差がわからないが

The Seller shall <u>not borrow</u> any money …
「売主は借り入れをしてはならない……」

　──といった場合の 'not' は 'shall' を否定するのではなく、動詞 'borrow' を否定する。その結果、「借りない義務を負う」ということによって、「借りては

19　これに対して、'may' が「可能」の意味で使われるときは、助動詞ではなく本動詞を否定する。

いけない」という禁止になる。

　本論に戻って、否定語が付いた語が主語に使われたときにどうなるかを見てみよう。

> 　No Party may make an assignment of its assets which renders it unable to perform its material obligations hereunder.
> 　「いずれの当事者も、譲渡の結果、本契約上の重要な義務を履行することができなくなるような、資産の譲渡をしてはならない。」

　これは強いて訳せば「無者（'no party'）」が「許可（'may'）を受けている」ということになり、結局「誰も……許されない」という禁止の意味になる。

　参考だが、しばしば同じことを

No Party shall make an assignment …

　——と書くことがあるが、これは「無者（'no party'）」が「義務（'shall'）を負う」というのだから、「譲渡義務を負うものは誰もいない」つまり「誰も譲渡をする義務を負わない」という意味にしかならない。つまり義務は否定されていても、「誰も譲渡をしてはいけない」とまではいっていないことになる。したがって本来は上のように、'no … may' という形にすべきなのである。

　とはいっても、'no … shall' のように使われることは非常に多くあり、一般的には禁止の意味に理解されているので、一概に否定するわけにはいかない。なお当事者の数が 2 人であれば、'neither party … may' とする。

⑹　「権利」の 'may' の否定は 'may not' ではなく 'is not entitled to'

　'may not' は前項のように許可の否定で「禁止」になる。そうすると 'may' を権利の意味に使う場合で、「権利はない」といおうとして同じ 'may not' を使うと、禁止になってしまう。大雑把にいうと結果は同じかもしれないが、それでは当事者の意図は正確に反映されない。そこでこの場合は権利の代用表現として紹介した、'be entitled to' を持ってきて、これを否定するとよい。'have the right to' を活用して使うこともできる。次の 2 つの例は 'may not' としていない点で正しいが、'shall' の使用は不適切である。

　最初の例は不可抗力事由の援用に関わるものであるが、本来は不可抗力に拠

る権利があるのだから、その否定は権利の否定と読むべきであろう。

Buyer shall not be 〈→ is not〉 entitled to claim Force Majeure in respect of acts of Government if Buyer itself is directly or indirectly owned or controlled by or related to that government.

「買主は、もし買主自身が当該政府に直接的、または間接的に所有されているか、もしくは支配されているか、または関係している場合は、政府の行為に起因する不可抗力を主張する権利を有さない。」

次の例では、エージェントは権利として手数料を受け取るのだから、それを否定すれば権利がないということになる。

On termination for whatever reason, the Agent shall not be 〈→ is not〉 entitled to any commission or other payment whatsoever other than commission in terms of clause 3.3. hereof.

「理由の如何を問わず、契約が解除された場合は、エージェントは3.3条に記載された手数料のほかには、いかなる手数料、またはその他の支払に対する権利もない。」

次の例で言及されている2.1条には、契約当事者以外のいかなる当事者にも、この契約の権利を主張する権利はないと明記されている。その上で、契約当事者である買主以外は誰も権利がないといっている。

Pursuant to the above Section 2.1, any Person or entity other than the Buyer has no right or option to purchase the Assets.

「2.1条にあるごとく、買主以外のいかなる者も当該資産を購入する権利を有さない。」

(7)　'may' の方がよい例、'may' を使う必要のない例

次に 'may' を使うべきであったと思われる事例、および 'may' を使う必要はない例を見ておこう。

　　Buyer shall have the right to reject any pre-approved Material which does not meet the Specifications in accordance with paragraph 2.3 below.

　「買主は事前承認された原料であっても、以下の2.3条に従った仕様に合致しないものは、拒絶する権利を有する。」

　権利を持っているというのであるから、5語も費やさなくても、'may' に置き換えられる。その方がわかりやすくもある。

　なお原文の 'shall' は、人に付いて使われているものの、これを「義務」として考えると、「権利を有する義務を負う」ということになってしまうが、それでは意味が通じない。では何かというと、「……ものとする」という指示、または立法の 'shall' の用法なのだが、指示は「モノ」「こと」に対して使うべきだし、必要以上に立法用法を使うことも勧められない。原文に従うなら 'shall' は削除して、'has the right to' とすればよい。

　次の例は権利のように書いてあるが、「権利」というより「裁量」、あるいは「許可」と考えて 'may' の1語に置き換えることができる。権利だとしても同じく 'may' でよい。

　　If the Parties fail to resolve such dispute amicably through negotiation, each Party shall have the right to submit such dispute to the Hong Kong International Arbitration Centre.

　「もし当事者が、当該紛争を交渉によって友好的に解決できない場合は、いずれの当事者も当該紛争を香港国際仲裁センターの仲裁に付託することを得る。」

　なお、本例の 'each' は当事者が2者なら 'either'、それを超える多数なら 'any' とすべきであろう。

　次の例は検討すべき個所が2つある。

　　Party A shall have the right to early terminate this Agreement upon twenty（20）days' prior notice, but Party B shall not early terminate this Agreement.

　「当事者Aは20日の事前通知をもって本契約を早期に解除する権利を有するが、当事者Bには早期の解除をする権利はない。」

　最初の 'shall have the right to' の部分は「権利」なので、'may' とすればよい典型的なケースである。'shall not' は、最初の部分と平仄を合わせて「権利がない」と書くとすれば、そのことがよくわかる 'is not entitled to' とする方がよいと思われる。なぜなら

Party A <u>may</u> early terminate this Agreement …, but Party B <u>may not</u> early terminate this Agreement.

　──とすると権利の否定ではなく、当事者 B に対しては「禁止」となるからである。ただしそれでも条文の目的を達することはできなくはない。
　次の 2 例は「何かをしてはいけない」というのだから、禁止の意味の 'may not' と置き換えることができる。

　Franchisce <u>shall</u> <u>have no right</u> under this Agreement <u>to</u> sub-license others to use or grant any rights in the Proprietary Marks or the System.
　「フランチャイジーはいかなる者にも、専有商標、またはシステムを使用するサブライセンスを与えたり、これに関する権利を許与してはならない。」

　XYZ <u>shall</u> <u>not have the right to</u> assign, transfer or otherwise convey in whole or in part any payment of ABC under this Agreement.
　「XYZ は本契約上の ABC からの支払〔を受け取る権利〕の全部、または一部を譲渡、引渡し、またはその他の方法で移転してはならない。」

　なお本項冒頭の例で、'may' を使わないとすれば、'shall have the right to' は 'has the right to' とするべきだといったが、同様にこの例の、'shall not have the right to' も、その構文を生かすなら、'does not have the right to' とするべきである。実際にそのようにした例を 1 つ挙げておこう。

　The Charterer <u>does not have the right to</u>, and shall not, assign, pledge, or hypothecate this Charter, in whole or in part, or any interest herein without the prior written consent of the Owner.
　「傭船者は所有者の事前の書面による同意なく、本傭船契約の一部、もしくは全部、または本契約上の権利を、譲渡、質入れ、または担保設定する権利を持

　たず、またそうしてはならない。」

　禁止の対象とされていることが、もし禁止されていなければ「権利」として
できたことなのか、「裁量」でできた、または「許可」されていたのかは、そ
の事項の本来の性質によると思われるが、その区別は明確なものではなさそう
である。
　次の例は「権利（'entitlement'）」を与えないということを、強調したかったも
のであろう。

　No Party <u>shall</u> <u>be entitled to</u> recover special, consequential（including
lost profits）or punitive damages from the Company.
　「いずれの当事者も会社から、特別、間接的（逸失利益を含む）、または懲罰的
損害賠償を受けることはできない。」

　これは 'is entitled to' とも書けるが、もっと簡単に

No Party <u>may</u> recover …

　——としても目的を達することができる。要するにそのような請求は禁止さ
れる、ということだからである。

　A Manager <u>may</u> <u>be</u> <u>entitled to</u> receive additional compensation for
providing services of the type specified in the preceding sentence.
　「マネージャーは前の文に示されたような種類の役務を提供することによって、
追加の報酬を受ける権利を有する。」

　ここでの 'may' は「権利」を意味するとしたら、それに続く 'be entitled to'
と重複することになる。では 'may' だけにしてしまえばよいかといえば、'A
Manager may receive …' では権利であることが一見してわからない。原文を
最初に見た時に、おそらく 'may' は推量という印象を受けたであろう。これは
'may' の弱点である。そこで代替案として

　A Manager <u>is entitled to</u> receive …

――とするのが現実的な解決ということになる。

7．契約書における 'can'

'can' は「能力」「可能」「許可」などを表す助動詞であるが、契約書においてはあまり使われない。使われないということは、必ずしも使ってはいけないということを意味するわけではないが、以下でわかるように、多くの用例で何らかの問題がある。ほかのもっと明快な言い方が可能か、慣例的に法律文で使われる助動詞があるのなら、ことさら 'can' とする必要はない、と考えるべきであろう。実際多くの例は 'may' に置き換えることができ、その方がずっと明確であることが少なくない。

①　人に付く 'can'

人に付いて使われている例はわずかしか見つからない。「能力」を表す場合には 'can' が使えそうだが、前書で取引の背景説明をするといった場合を除いて、契約書で能力を論じることはあまりない。

その他の用法と思われる場合でも問題がある。例えば次のような使い方をすると、この語は「能力（'is able to'）」、つまり売る能力、才覚があるという意味なのか、そんなことが「可能（'is possible'）」だというのか、販売してもよいという「許可（'is permitted to'）」なのかわからないのである。

> The Distributor <u>can</u> sell and distribute the refused Products directly or through other distributors selected by it.
> 「代理店は直接的に、または自らが選んだ他の代理店を通じて、拒絶された商品を販売、および頒布することができる。」

契約全体の趣旨からして、この条項は代理店に拒絶品を市場に出す許可を与えたものだとわかるのだが、それなら最初から 'may'（許可を表す）を使っておけば曖昧さを排除することができる。

曖昧さがないと思われる場合や、ほかに代替可能な語がない場合は、'can' を使ってもよいだろう。

次の例は「能力」、ないし「可能」の用法で、同様の規定でも使われている

のを見かける。「許可」には読み違いようがない。また、これはほかの助動詞に置き換えることは難しそうでもある。語数は多くなるが 'is able to' とすれば誤解はない。

> Confidential Information <u>shall not</u> 〈→ does not〉 include any information which the Receiving Party <u>can</u> prove by competent evidence is now, or hereafter becomes, through no act or failure to act on the part of the Receiving Party in violation of this Article 11, generally known or available.
>
> 「受領者が、本11条に違反して漫然と、または不作為によって〔開示を防ぐ策を講じなかった〕結果としてではなく、現に、または今後、一般的に知られている、または知ることができることを、証明力のある証拠によって証明することのできる情報は、機密情報に含まれないものとする。」

次の例は「許可」を表すために使われている。しかしこのままでは 'can' の一般的な意味である「能力」ととられかねない。許可を表す 'may' と置き換える方がずっと当事者の意図がよくわかる。

> Original Equipment Manufacturer <u>can</u> ship both qualifying Products and non-qualifying Products, so long as such qualifying and non-qualifying Products are promoted and distributed using different model numbers or other model designations.
>
> 「OEM 製造者は、規格品と非規格品を異なるモデル番号、またはモデル名を使用して宣伝、販売する限り、規格品、および非規格品の両方を船積みしてもよい。」

次の例も「許可」の 'can' の否定用法で、意味的には禁止ということになる。しかし一見したところでは、何の用法かすぐに判断できない。最初から禁止を表す 'may not' としておけばよい。

> Without Pledgee's prior consent, Pledgors <u>cannot</u> give away or assign to any party their rights and obligations under this Agreement.

　「質権設定義務者は、質権設定権者の事前の同意なく、本契約下のいかなる権利、および義務を、いかなる者にも処分、または譲渡してはならない。」

　次の例は賃貸人（会社）と賃借人（個人）の間の飛行機の賃貸借契約からとられたものである。賃貸料はとりあえず概算で請求するが、最終的には賃貸人は実際にかかった費用を回収する。正確な金額は終わってみなければ確定しない。そこで翌年に前年の未回収分を請求できる、という規定である。契約書全体はわかりやすい英語で書くことを目指しているようであるが、一読して「可能」なのか、「許可」なのかすぐにわからない。権利を表すのだから、権利の 'may' でよいと思われる。

　Lessor <u>can</u> invoice Lessee for a portion or all of the Flight Charges incurred during the preceding calendar year but not yet invoiced.
　「賃貸人は前暦年に発生したが、いまだ請求されていない飛行費用の、一部、または全部を請求する権利を有する。」

②　「モノ」「こと」に付く 'can'

　人以外の主語に付く用法もある。
　次の例はライセンス契約で、ライセンシーについて規定したものである。ただし 'can' は「こと」に付いている。

　The Licensee <u>will remain</u> 〈→ remains〉 the only source that <u>can</u> sell the Technology in the Territory during this exclusive license period.
　「ライセンシーは本排他的許諾期間内にテリトリーにおいて、技術を販売することのできる唯一の主体として存続する。」

　この場合、'can' の用法からすれば「……をしてもよい」という「許可」といえよう。そうだとすれば、'may' に置き換えることができる。
　次の例は雇傭契約中の解除条項である。

　This Contract <u>cannot</u> be terminated by the Company. This Contract

may be terminated by the Director with notice of at least one month to the end of a month.
　「本契約は会社によって解除することはできない。本契約はダイレクターによれば、月末まで少なくとも１か月の通知を出すことによって、解除されうる。」

　第１文だけを見ると「可能」または「許可」の ‘can’ の否定である。いずれの場合でも、‘not’ が付いて意味的には「禁止」ということになる。それだけなら特に問題はない。しかし改めて全体を見てみると、第２文では ‘may’ を「権利」のように使っている。それなら第１文でも「権利がない」と書くことが公平だともいえる。ところが ‘may’ を使って

This Contract may not be terminated by the Company.

　——と書くと「禁止」になってしまう。同じように権利の否定にしようと思えば、基本に返って当事者を主語にしたうえで、能動態で次のように書くしかあるまい[20]。

The Company is not entitled to terminate this Contract. The Director may terminate this Contract with notice of at least one month to the end of a month.

　次の例は、インボイスの欄外に注記する説明の文章なら、このような客観的な書き方でもよいが、契約書としては支払義務者を主語にして書き換えるべきだろう。その場合の助動詞は「義務」を表す ‘shall’ を使う。

　A late fee of one percent（１％）of total invoice can be added each month for late payments.
　「１％の遅延利息が、遅延した支払に対して各月加算しうる。」

Buyer shall pay a late fee of one percent（１％）each month for late payments on top of the total invoice.

20　「６．‘may’ の用法　⑹『権利』の ‘may’ の否定は ‘may not’ ではなく ‘is not entitled to’」参照。

　次の例で言及されている5.2.2条には、QBC が政府許可を取得する義務が記されている。

　If the obligation under Section 5.2.2 <u>cannot</u> be fulfilled, QBC shall refund all fees paid by UHB under this Agreement（if any）and any interest earned on such fees.
　「もし5.2.2条の義務が充足されえない場合は、QBC は本契約に基づいて UHB によって支払われたフィー（もしあれば）を、すべての利息とともに返還しなければならない。」

　主語は無生物の「こと」だが、許可取得は QBC の義務なので、'can' は QBC の「能力」または「可能」の問題と解釈しうる。能動態で書けば次のようになる。

　If QBC <u>cannot</u> fulfill the obligation under Section 5.2.2、…

　そうすると、許可が取得できなかった場合に、QBC の過失の有無によって、この規定が適用される場合と、されない場合が出てくるのではないか、という疑問が出てくる。これは 'can' を使ったために起きた問題である。次のようにすればはっきりする。

　If QBC <u>fails to</u> fulfill the obligation under Section 5.2.2、…

　何か期待された事項が起こらなかったことの理由がきちんと書いてあれば、このように過失の有無に左右されるようなことは起こらない。次の例では理由の如何を問わず、条件が満たされたらそれ以下の部分が発動される。

　If, <u>for any reason</u>, such document, database, or software <u>cannot</u> be returned, either party shall destroy all the Confidential Information belonging to the other party and delete such Confidential Information from any memory devices.
　「もし理由の如何を問わず、そのような書類、データベース、またはソフトウェアを返還することを得ない場合は、いずれの当事者も他方当事者に属する機密情報を破壊し、さらにあらゆる記憶媒体から当該機密情報を削除しなければ

ならない。」

'can' は不可抗力条項でよく出てくる。次はその例である。

The Party affected by a Force Majeure event may suspend the performance of its relevant obligations hereunder that <u>cannot</u> be performed <u>due to the Force Majeure</u> until the effect of such Force Majeure event is eliminated.
「不可抗力事由の影響を受けた当事者は、不可抗力によって履行できなくなった本契約上の義務の履行を、不可抗力事由の効果が除去されるまで中断することができる。」

この規定でも履行できなくなる理由は不可抗力と明確にわかっているので、義務者の過失云々を考慮する必要はない。

③ 状況を説明する文章の中での 'can'

'can' がより多く使われるのは、状況を説明する文章の中においてである。この場合は権利・義務を論じるのではなく、何かが可能である、可能ではないということをいうのに使われていることが多い。
例えば次の例は「見えるかどうか」を問題にしている。見るのは通行人なので、権利や許可の問題ではなく、物理的に見えるというだけである。

The Tenant shall not display any sign, notice, poster or advertisement at the Premises which <u>can</u> be seen from outside the Premises.
「賃借人は物件の外から見えるような掲示、通知、ポスター、または広告を掲出してはならない。」

'may' を使って書けなくもないが、その場合でも 'may' の用法としては「可能」ということになる。しかしそうすると、同一契約書の中では 'may' は「権利」「裁量」または「許可」に限定して使うとすれば、異なる意味の用法を追加することになり、好ましくない。

　　If the relevant payment <u>can</u> be made without violating any applicable law, then the payment shall become due and payable on the expiration of the relevant grace period of 30 days.
　　「もしかかる支払が法に反することなくできるならば、支払は関係猶予期間の30日満了をもって期日となるものとする。」

　この例では支払が合法的にできるかどうか、という事実が問題とされている。支払当事者の「能力」を問題にしているわけではない。「可能」の用法である。
　次の規定は契約終了の際に、相手に返還することも、破棄することもできない秘密情報について、特に定めたものである。これも「可能」の意味の否定で、適切な使い方である。'may not' とすると、どの意味の用法かが直ちにわからず、かえって混乱する。'cannot' については、当事者の過失の有無が、影響を与えるかの問題を②で指摘しておいた。本件でもある当事者が「情報は返還も、破棄もできない」と言い張ったら、本当はどうなのかという問題は起こりうる。ただ、返却、または破棄できないものは、引き続き守秘義務の対象にとどまるので、一応の処理方針があることになり、現実には問題にならないだろう。

　　Any Confidential Information of the other party that <u>cannot</u> be returned or destroyed will continue to be subject to the confidentiality obligations set forth in the Agreement.
　　「他の当事者の秘密情報で、返却、または破棄できないものは引き続き本契約による守秘義務によるものとする。」

　次の例は衛星を運用する会社が周波数や許可を、何らかの事情で維持できなくなったら、というのだから、「能力」の 'can' と考えられるケースである。'can' のほかには使える助動詞が見つからない。ほかの表現と置き換えるなら 'is unable to' であろう。ここでも、ユニバーサットの過失の有無が契約解除に影響を与えるかどうかが、問題になりうる。そのような疑義を払拭しようと思えば、'UniverSat fails to maintain …' とするしかない。

　　The Agreement <u>shall be terminated</u> 〈→ terminates（automatically）〉 under one of the following conditions：… UniverSat <u>cannot</u> maintain the

required frequencies, service permits and related certificates.
　「この契約は以下の場合に解除される〔（自動的に）終了する〕ものとする：
……ユニバーサットが必要な周波数、営業許可、およびそれらに関わる証明書
を維持することができない。」

　なお出だしの部分は自動的に終了するように修正しておいた。もとの受動態
を見ているだけでは解除する主体がわからないが、放送継続が不可能になる、
というのだから自動的にという意図で書かれたものと考えられるからである。
　次の仲裁条項では、当事者が誰を仲裁人にするかにつき合意できない場合の
ことが書いてある。合意できないという状況の説明に、「可能」の 'can' が使
われている。

　The arbitrator shall be appointed by agreement of the parties or, if no
agreement <u>can</u> be reached, by the Arbitration & Mediation Board.
　「仲裁人は当事者の合意によって、もし合意が得られない場合は仲裁調停委員
会によって、指名されるものとする。」

　もし一方当事者が非協力的で、話し合いが成立しなかったら、その当事者は
何らかの責任を負うか、という問題はありうる。そのような疑義が発生しない
ようにしようと思えば、可能かどうかではなく、合意ができたかどうかという
事実の問題にすればよいのである。'if no agreement is reached' とする。なお、
'if no agreement <u>shall</u> be reached …' とするものを見かけるがこれは古い用法
で、現代では if 節（条件節）の中で 'shall' を使わなくてもよい。
　次の例は客観的な原則の記述として、このままでも意味は通じなくはないが、
普通は 'may not' を使って「許可」の否定の「禁止」として書かれる。そうす
れば 'can' の意味を詮索しないで済む。

　This Agreement <u>cannot</u> be modified or amended except in writing
signed by the party against whom enforcement is sought.
　「本契約は、これを強行しようとする相手方に署名された書面なくして、修正、
または変更されえない。」

　この規定は、合意は、約束した者が合意の意思を確認して署名をしていない限り、その当事者に不利益に援用されえない、という原則を背景に作られている。「サインしていないことは、自分とは関係ないこと」というわけである。実務では契約書であれ、変更であれ、合意が成立したときは、両当事者の署名する書面が作られ、またそうすべきであるが、理論的には義務者さえ署名していれば、証拠として使える。

8．契約書における 'do'

　'do' は、'shall' 'may' などのようにそれ自身に意味があるわけではなく、疑問文、否定文を作るほかは、強調する場合に使われるが、いずれにしてもあまり出番のある助動詞ではない。
　まず否定文の例を 2 つ挙げておく。

　This Agreement <u>does not</u> grant the Supplier any right or privilege to provide to the Owner any Work of the type described in this Agreement.
　「本契約は、本契約に記述されるようなタイプの何らかの請負仕事を、発注者向けに納入する権利、または特権をサプライヤーに与えるものではない。」

　サプライヤーは非常に大きな電信電話会社（'Owner'「発注者」）向けの契約をとったが、だからといって発注者は、今後そのような契約をする優先的な地位をサプライヤーに与えるわけではないということを、いささか高圧的に書いている。特筆する意味のある用法でない。
　次の例は天然ガスの売買契約で、買主が契約数量を超えて購入する権利を与えられているときに、その権利の不行使について規定してある。

　If Buyer <u>does not</u> respond to Seller's offer within ten（10）Days, Buyer <u>shall be</u> 〈→ is〉 deemed to have declined the offer.
　「もし買主が売主の申込みに10日以内に返答しない場合は、買主は申込みを拒絶したものとみなされる。」

　強調の 'do' の例を 2 つ挙げておこう。いずれも大事なこと、意味のあるこ

とを強調しようとして使っている。しかし 'do' がなくても支障はない。

> Each party <u>shall</u> and hereby <u>does waive</u> any claims for damages in excess of the limits on insurance mentioned in that Section.
>
> 「各当事者は同条に言及されている保険の限度を超えた損害賠償の請求権を、放棄するものとし、茲許放棄する。」

　なお、「茲許放棄する」といっていて、その効果は直ちに発生するのだから、訳してはおいたが、'shall' は必要ない。

　次の例はデータを入手することが難しいので、「もしそんなことができるなら」という含みなのだが、もともと仮定の文章なのだから 'acquires' とすることもできる。

> In the event that Service Provider <u>does</u> acquire any such seismic data, the costs thereof will be on the Owner.
>
> 「もし役務提供者が、そのような地震探鉱データを入手することができたときは、その費用はオーナーが負担するものとする。」

9．助動詞を使う必要のない場合

　契約時に、目の前で現実に起こっていること、効果や結果が直ちに発生することを書くのなら、わざわざ助動詞を使わなくても動詞の現在形だけで足りる。むしろない方がよい。

　次の例は約束手形の冒頭の記載であるが、振出人は「ここで（'hereby'）」支払の約束をしているので、'shall promise' ではなく、'promises' と書いてあり、それで十分である。このような場合は、わざわざ助動詞の助けを借りなくてもよい。'shall' を入れると、いったん義務を設定し、その後にそれに従って約束する必要が出てくる。

> FOR VALUE RECEIVED, the undersigned, ABC（"Maker"）, hereby <u>promises</u> to pay to the order of XYZ（"Payee"）the principal sum of One thousand Dollars（$1,000.00）, together with interest … as herein specified.

「対価受取り済み、下記の者 ABC（「振出人」）は、XYZ の指図人（「受取人」）に、元本1,000ドル（$1,000.00）と利息……を以下の条件に従って支払うことを、茲許約束する。」

不必要な助動詞の使用は、特に 'shall' の「指示」「立法」用法において顕著に見られるが、「義務」の場合の例もある。

以下のような場合には 'shall' は不要である。なおこの項では 'shall' がある例文は、改定後ではなくそのままで訳してある。

---

①　定義：Definitions

契約書における言葉の定義とは、ある言葉がどのような意味を持っているかを明らかにすることである。一般的には色々な意味に使われている言葉を、契約内ではある限定された意味に使うために定義するほか、言葉自体はそこまでの意味を持たないものに、符牒として特別な意味を割り当てることもある。

そこでの作業は意味を与えて、それを読者に伝えることであり、いわば宣言をしているだけなので、「○○は△△である」と淡々と動詞の現在形でいえばよい。しかし実際には次のような例が非常に多い。

"Energy" <u>shall</u> mean physical electric energy of the character that passes through transformers and transmission wires.
「『エネルギー』とは変電器と送電線を通って送られるような、物理的な電気のエネルギーを意味するものとする。」

これは立法の 'shall' の用例であるが、すでに意味が合意されて決まっている事項なのだから、次の例と同じように動詞の現在形を使えば十分である。

"Business" <u>means</u> the business of developing, marketing and supporting software and all other business which is conducted by the Company.
「『ビジネス』とは、ソフトウェアの開発、販売、および支援、並びに会社の行っている他のすべての商業活動を意味する。」

　「指示」の 'shall' の用例として挙げておいた次の規定も、同様に考えれば動詞の現在形でもよい。

> The term "Bank" or "Banks" <u>shall</u>, unless otherwise expressly indicated, include the Agent in its capacity as a Bank.
> 「『銀行〔単数〕』、または『銀行〔複数〕』という用語は、明確に異なって指示されない限り、銀行としての代理人を含むものとする。」

　その場合、'Banks' を複数名詞だと考える必要はない。'Banks' という「言葉」は、という意味なのだから 'includes' とする。

The term "Bank" or "Banks" <u>includes</u>, unless otherwise expressly indicated, the Agent in its capacity as a Bank.

　次の例は直接に定義をしているわけではなく、他所で定義しているものに言及している。どこそこで定義されている意味を持つ、というのも一種の宣言なので動詞の現在形で書いてある。

> "California Law" <u>has</u> the meaning specified in the recitals to this Agreement.
> 「『カリフォルニア法』とは本契約の前書で特定された意味を持つ。」

　次の例は全く同じような定義なのだが、異なった書き方がしてある。

> "Agreement" <u>shall have</u> the meaning set forth in the Preamble.
> 「『契約書』とは前書に規定された意味を持つものとする。」

　動詞の現在形の 'has' で十分である。
　ところでこの２つの定義で参照されている前書（'recitals' 'preamble'）では、どのように書かれているのだろうか。別の契約書からの例であるが、参照された先にある定義の例を拾い出してみよう。前書の中の１節である。

> Whereas, the Board of Directors and the Company have each approved

the merger (<u>the "Merger"</u>) of the Subsidiary with and into the Company
…

「取締役会と会社は子会社を会社に合併すること（「合併」）を承認した……」

　ここでは「合併」の定義は文章になっていない。定義というのは「○○＝△
△」ということなのだから、等しいということがわかればよいのである。次に
挙げる例でも定義部分は文章になっていない。

AGREEMENT──this Purchase Agreement, including all exhibits and
appendixes attached hereto, as the same may be amended or modified
and in effect from time to time.

「『契約書』──添付されているすべての付表、付属書類を含む本購入契約書
で時々にそれぞれ変更、または改訂され効力を有するもの。」

②　所有権、危険負担の移転：Pass, Transfer

　動産売買契約で所有権や、危険負担の移転について取り決めるときに使われ
る。立法の 'shall' を使って書けなくはないが、いつ移転するかの原則をあら
かじめ宣言して書き出してしまう、と考えて動詞の現在形で書けばよく、実際
の例も多くある。

Title to the Shares and Assets (and property and risk in them) remains
solely with the Seller until Closing and <u>passes</u> from the Seller to the
Purchaser with effect from Closing.

「株式と資産（および、それらの所有権と危険負担）に対する権利はクロージン
グ日までは売主のみにあり、クロージングから有効に売主から買主に移転する。」

Title to Goods shipped under any Purchase Order <u>passes</u> to Buyer
upon delivery of the Goods to Buyer's Location.

「すべての購入注文に基づく商品の所有権は、商品が買主の場所で引き渡され
たときに、買主に移転する。」

Risk in the Equipment <u>passes</u> to the Buyer on Delivery.

「器械の危険負担は引渡しと同時に買主に移転する。」

　所有権と危険負担などは一組にして扱うことがしばしばある。その場合にその組を単数扱いして、動詞に３人称現在形単数の語尾を付ける例がある。もちろん複数扱いにしてもよい。

Title, liability for and risk of loss to Products sold hereunder <u>passes</u> to Buyer upon delivery to Buyer's specified delivery location.

「商品に対する所有権、責任、および滅失の危険は、買主指定の引渡場所での引渡しの時に、買主に移転する。」

　次の２つの例では原則、決め事を宣言する主節では 'shall' を使い、説明をする 'if' や 'when' に続く副詞節では動詞の現在形を使っている。

If Products <u>are delivered</u> to destinations in Switzerland or to other destinations where reservation of title of goods is not permissible, title to the Products <u>shall pass</u> at the same time as the risk of loss passes to Buyer.

「商品がスイス内の目的地、またはその他の所有権留保が許されない目的地で引き渡される場合は、商品の所有権は、滅失の危険負担が買主に移転する時に同時に移転するものとする。」

Risk of loss <u>shall pass</u> to Buyer when possession of the Material <u>passes</u>, in the United States of America, from Supplier to the carrier.

「滅失の危険負担は、米国内で原料の占有が供給主から運送人に移転する時に、移転するものとする。」

　しかしこのようにしなければならないわけではなく、これまでの諸例のように全部を動詞の現在形で書いてよい。

　次の例では「移転する」という意味で 'transfer' が使われている。主節では 'shall'、副詞節では動詞の現在形というのは上の例と同じである。'transfer' と

現在形でよい。

　Title and risk of loss for the Diesel delivered into rail car, pipeline or tank trucks <u>shall transfer</u> from the Seller to Buyer as the Diesel <u>passes</u> the Delivery Point.
　「貨車、パイプライン、またはタンクローリーに引き渡されたディーゼルの所有権と滅失の危険は、引渡し時点で売主から買主に移転するものとする。」

---

③　表明と保証：Representations and Warranties

　資産買収契約、不動産売買契約、ローン契約などで当事者が、取引の基礎をなす重要な事実について述べたり、保証したりする条項である。これらの条項では、何かを述べることそれ自体が表明で、口から出るや否や、そこで表明したことが事実に反すること（'misrepresentation'）に対する責任を負うことになるので、「義務」の助動詞を使って 'shall represent' とする必要はない。保証についてもこのように宣言することによって、保証のとおりでなかった場合の責任が直ちに発生するのだから、'shall warrant' とする必要はない。

　The Company <u>represents and warrants</u> to the Lender as of the date hereof that: …
　「会社は貸主に対して本日現在、以下のとおり表明し、かつ保証する：……」

　次の例では契約締結および履行が、将来において他の契約上の義務違反にならないといっている。そうするとその内容は将来のことなので 'will' を使って、売主は今の時点で将来のことを表明、および保証していることになる。

　Seller <u>represents and warrants</u> to Buyer that neither the execution of this Agreement, nor the consummation of the transactions contemplated hereby, <u>will</u> result in a material breach or violation of any material Contractual Obligation of Seller.
　「売主は、本契約の締結も、本契約で意図されている取引の完遂も、売主のいかなる重要な契約上の義務の重大な違反にはならないことを表明、かつ保証する。」

　次の例は会社と従業員の間のストックオプションに関する契約からとられた
もので、将来の株の引渡し時に、その条件として要求されることが書いてある
部分である。表明・保証すべき時にそうすることを要求できるように、締結段
階では今のこととしてではなく、義務として規定してある。この 'shall' は義
務の用法である。

> You <u>shall represent and warrant</u> in writing that you are the owner of
> the shares of Stock so delivered.
> 「あなたはそのように引き渡された株式の所有者であることを、書面で表明、
> かつ保証しなければならない。」

　さて上のように表明や保証される対象の事項（「……ということを表明、保証す
る」というときに「……」に当たる部分）も、契約締結時の現状についてだけそう
する限り、shall を削除して、動詞の現在形で書けばよい。契約締結後の状況
について述べるときには、未来の 'will' が使われるのは上に見たとおりである。

> The Company <u>is</u> duly organized and validly existing in good standing.
> 「会社は適法に設立され、瑕疵なく存在している。」

> The Company <u>has</u> the full requisite corporate power and authority to
> own, lease and operate its properties.
> 「会社はその財産を所有、貸出し、および運用するために必要とされる会社と
> しての完全な能力と権限を有している。」

　次の例も表明、保証の対象であるが、ここでは締結時と将来の両方の時点に
言及しているので、動詞の現在形と未来助動詞 'will' の両方が使われている。

> The execution and performance of this Agreement and each of the
> Ancillary Agreements by the Purchaser and the consummation of the
> transactions contemplated hereby and thereby, <u>do not</u> and <u>will not</u>
> violate any provision of the certificates of incorporation.
> 「買主による本契約、および関連契約のそれぞれの締結、ならびに履行、なら

びに本契約、および関連契約上の取引の完遂は、本日現在、および今後も定款のいかなる条項にも違反しない。」

---

④　品質保証：Warranty, Guarantee

'warrant'（動詞）や 'warranty'（名詞）という言葉は、「表明と保証条項」に定型的に出てくる言葉だが、それ専用というわけではなく、「保証する」、あるいはもっと広く「約束する」という意味を持つ言葉である。商品やサービスの品質保証にも使われる。この目的ではそのほかに 'guarantee'（名詞、動詞）'guaranty'（名詞）という言葉も使われる。いずれもその約束をしたとたんに、対象のもの、事柄が保証したとおりであることを請け負うことになるので、動詞の現在形が使われる。

Seller <u>warrants</u> Products to be free from defects in material and workmanship for the applicable warranty period.
「売主は適用されるべき保証期間中は商品が原材料、および組み立てに関して、何の欠陥も持たないことを保証する。」

Contractor <u>warrants</u> that the Facilities <u>have</u> been constructed in accordance with industry standards and the Construction Specifications, and are free from material defects, deviations, errors and omissions in the construction and workmanship.
「請負人は施設が業界の基準および組立仕様に従って製作され、製作および組立てにおいて重大な欠陥、逸脱、過誤、および遺漏のないことを保証する。」

Lender <u>does not warrant or guarantee</u> in any manner that you <u>will receive</u> ⟨→ receive⟩ all or any portion of the principal or interest you expect to receive on any Note.
「貸主は、あなたが期待するように手形の元本、または利息の全部、または一部でも受け取るであろうことを一切保証しない。」

　次の最初の例は商品の売買に関するもの、２番目は委託加工に関するものである。いずれの場合も上のように現在形の動詞で書けばよく、助動詞を使う必要はない。

　The Supplier <u>shall warrant</u> that the system shall be free of defects in material and workmanship for a minimum of one year.
　「供給者は、システムが原材料、および組立てに関していかなる欠陥も持たないことを、少なくとも１年間保証しなければならない。」

　「保証する」ということが、すなわち責任を負うということなので、このようにすると「責任を負う義務を負う」といっていることになり、かえって混乱する。
　付け加えれば、保証する内容は、表明、保証の場合と同じく、事実としてそうであることを保証するのだから、'the system is free from …' といえばよい。原文における 'shall' は指示の用法である。
　商品が契約締結時に存在せず、将来に引き渡される取引の場合、次のように保証の約束は現在形でも、保証対象に関する部分はそう書かれない場合もある。現在形の動詞だけでも問題ないのだが、起草者は「今後引き渡される商品はそうであるものとする」と考えているのであろう。この場合は「指示」の 'shall' である。

　The Seller <u>warrants</u> that the Concentrate <u>shall</u> be suitable for ocean transportation in accordance with the IMO Bulk Cargo Code.
　「売主は、精鉱が国際海事機関（IMO）のばら積み貨物コードの下で、海上運送に適していることを保証する。」

　次の例においても、商品は契約作成時には存在しないが、これから製造されるということを念頭に置いて、「指示」の 'will' を使っている。現在形の動詞でも構わない。

　Licensor <u>warrants</u> that, when manufactured in accordance with the Approved Production Specifications, the Products <u>will</u> conform to the

Product Specifications.
　「ライセンサーは、承認された製造仕様に従って製造されたときは、商品が商品仕様に合致することを保証する。」

　次の例は名詞の 'warranty' を 'make' とともに使ったものだが、この場合も現在のこととして 'makes no warranties' とすればよい。指示、または立法の 'shall' のつもりで使っているのだが、うっかりすると「無保証をする義務を負う」、つまり「保証してはならない」と読まれかねない。

　Agent <u>shall make</u> no warranties relating to the services described herein except as set forth in sales literature.
　「販売冊子に記したほか、エージェントはここに述べた役務についていかなる保証もしない。」

---

⑤　補償：Indemnity

　動詞は 'indemnify' でしばしば 'hold … harmless' という表現と一緒に使われる。約束したら直ちに将来に向かって「迷惑をかけない」義務が発生するので、動詞の現在形で書いてよい。実際には 'shall' を使うことも多い。次の例ではその両方が使われているが、'shall indemnify' に相当する部分がないものもある。

　The Borrower <u>shall</u>, and <u>does hereby indemnify</u> the Lender, for the full amount of any Taxes payable or paid by the Lender and any penalties, interest and reasonable expenses arising therefrom.
　「借主は貸主が支払うことあるべき、あるいは支払った税金の全額、ならびに過料、利息、およびこれから発生する適正な費用について、貸主を補償するものとし、茲許補償する。」

　その他の実例は、第 2 章「２．一般条項に使われる動詞　①補償する：Indemnify」を参照。

⑥ 宣言(1)──準拠法条項：Governing Law

準拠法に関する規定をいくつか見てみよう。次の３つは現在形の動詞で書かれた例である。

This Agreement <u>is</u> governed by the laws of Hong Kong.
「本契約は香港の法律に準拠する。」

This Mortgage <u>is</u> governed solely and exclusively by the laws of the Republic of the Marshall Islands.
「本抵当は専ら、かつ排他的にマーシャル諸島共和国の法律に準拠する。」

The present Contract <u>is</u> governed by the substantive law of Sweden with the exclusion of the provisions of conflict of laws.
「本契約は抵触法を除外した、スウェーデンの実体法に準拠する。」

事実を表示している条項なので、動詞の現在形でよいのだが、「指示」あるいは「立法」の 'shall'、時には 'will' を使うものも多くある。

The terms of this Agreement <u>shall</u> be governed by the laws of the State of Minnesota.
「本契約の諸条件はミネソタ州の法律に準拠するものとする。」

This Agreement <u>shall</u> be governed by the laws of the State of New York without regard to its conflict of laws provisions.
「本契約は抵触法規定を除くニューヨーク州の法律に準拠するものとする。」

This Confidentiality Agreement <u>will</u> be governed by the laws of the State of Florida.
「本守秘義務契約はフロリダ州の法律に準拠するものとする。」

次の例は単にある国の法律に準拠するということに加えて、契約の解釈についてもそれに拠ることを規定している。

> This Agreement <u>shall</u> be construed in accordance with and governed by the laws of the Republic of Singapore.
> 「本契約はシンガポール共和国の法律によって解釈され、かつシンガポール共和国の法律に準拠するものとする。」

まず前半の「解釈され」の部分は、この契約書を読む者にシンガポール法に従って解釈することを要求している、と考えれば立法の 'shall' が使われていることは納得できなくはない。一方後半の「準拠する」部分は事実としてそうなのだから、動詞の現在形でよさそうであるが、この例では「指示」または「立法」の 'shall' を使ってある。

次の例はこの部分を各個別に分析したものと考えられ、準拠部分と解釈部分で用語を変えている。上の例の前半と同じと考えれば、わからなくはないが、そうでなければならないというわけではなく、動詞の現在形でも十分目的は達する。

> This Agreement <u>is</u> governed by and <u>shall</u> be construed in accordance with the laws of South Africa.
> 「本契約は南アフリカの法律に準拠し、これに従って解釈されるものとする。」

このほかに、次のようにすべての面を一括して考えるような例もある。

> The formation, validity, interpretation, and performance of the Agreement <u>shall</u> be governed by the laws of the People's Republic of China.
> 「本契約の成立、有効性、解釈、およびその履行は中華人民共和国の法律に準拠するものとする。」

最後に 3 つ、文法以外の点で興味深い例を紹介しよう。
まず最初はドイツとアメリカの会社の間に結ばれた契約の中にあった規定で、

準拠法を2つ指定している。紛争が起こったらどのような結果になるのかは皆目見当がつかない。

This Agreement <u>shall</u> be governed in all respects by the laws of the State of California and the laws of Germany.

「本契約はすべての面において、カリフォルニア州法、およびドイツ法に準拠するものとする。」

次の規定はアイルランドとインドの当事者の間に結ばれた契約であるが、準拠すべき英語の指定を含んでいる。お互いの国の英語に違いがあることを認識して、第三国アメリカの英語を選んだものであろう。

This Agreement <u>shall</u> be interpreted in accordance with the commonly understood meaning of the English words and phrases hereof in the United States of America, and it and performance of the parties hereto <u>shall</u> be construed and governed according to the laws of California.

「本契約はここにある英語の単語、および語句にアメリカで一般的に与えられている意味に従って解釈するものとし、契約と当事者によるその履行はカリフォルニア州法によって解釈され、これに準拠するものとする。」

次に仲裁合意に関して特別に準拠法を指定している例を見てみよう。アメリカの契約書の中で仲裁合意についての準拠法として連邦法、契約の準拠法として州法を指定している。このように仲裁合意の準拠法を分けて考えることは、理論的には不思議ではないのだが、実際の契約書の中でこれを意識して規定することはあまりない。なお仲裁合意については動詞の現在形を使っているのだから、契約書についても 'are' と現在形にすればよい。

Except for the arbitration agreement set forth in this paragraph, which <u>is</u> governed by the Federal Arbitration Act, this Agreement and the rights and obligations hereunder <u>shall</u> be governed by, and construed and interpreted in all respects in accordance with, the laws of the State of Illinois.

　「本項に記載した連邦仲裁法に準拠する仲裁合意を除いて、本契約、および本契約下の権利、義務はイリノイ州法に準拠し、すべての面においてイリノイ州法に従って解釈されるものとする。」

---

⑦　宣言(2)――契約期間：Term

　契約期間も合意された事項を事実として書き残すだけなので、契約締結時にその旨を記載しておけば、わざわざ 'shall' を使って「……ものとする」と定める必要はない。

　The term of the Agreement <u>begins</u> on the Effective Date and, unless earlier terminated under Section 4.3 or Article 8, <u>terminates</u> on March 31, 2033（the "Term"）.
　「本契約の期間は発効日に始まり、4.3条、または 8 条に従って早期に終了されない限り、2033年 3 月31日に終了する（「契約期間」）。」

　This Agreement <u>shall</u> take effect as of the date first written above. The term of this Agreement <u>is</u> ten（10）years.
　「本契約は頭記の日に発効するものとする。本契約の契約期間は10年である。」

　しかし、実際には多くの契約書で 'shall' が使われている。

　The initial term of this Agreement <u>shall</u> begin on the date hereof and <u>shall</u> continue for a period of five（5）years.
　「本契約の当初の契約期間は本契約の日に始まり、 5 年間継続するものとする。」

　The term of this Agreement <u>shall</u> initially be for a period of five（5）years following the Effective Date.
　「本契約の期間は当初は発効日から 5 年間とする。」

　This License Agreement <u>shall</u> come into force on the Effective Date and shall remain in force until Licensee notifies Licensor of its intent to terminate this License Agreement.

　「本ライセンス契約は発効日に効力を発生し、ライセンシーが本ライセンス契約を終了する意図をライセンサーに通知するまで効力を維持するものとする。」

　２番目と３番目の例は別途定める「発効日」から効力が発生することから、‘shall’を使っているのかもしれないが、それぞれ次のように動詞の現在形で書いても問題ない。

The term of this Agreement is initially for a period of …

This License Agreement comes into force on the Effective Date and remains in force until …

---

⑧　宣言(3)──権利・義務の放棄：Waiver

　権利放棄（‘waiver’）も放棄する当事者が宣言してしまえばそれで成立するので、義務づけて‘shall’を使う必要はない。むしろそうすると契約締結後に、もう一度放棄のための手続が必要であるとの誤解を与えかねない。

　次の例は株式の売買による企業買収契約からとられたもので、既存の株主は取引に影響のあるような権利を放棄することに合意するものである。

　The Existing Shareholders agree that all Existing Shareholders shall waive pre-emption right, repurchase right and any other right（if any）that may affect the Transaction.

　「既存の株主は、取引に影響を与えるような先買権、買戻権、および他のすべての権利（もしあれば）を放棄するものとすることに合意する。」

　契約締結と同時に放棄するのだから、‘The Existing Shareholders agree’という持って回った部分も除いて、‘Each of the Existing Shareholders waives …’と書けばよい。

　実際の例には動詞の現在形を用いているものが多い。

Each party hereto irrevocably <u>waives</u> any right it may have to a trial by jury in any legal proceeding arising out of this Agreement.
「各当事者は本契約に基づいて生ずる法手続において、陪審による裁判を求める権利を、茲許完全に放棄する。」

The Bank <u>waives</u> all rights of set-off, lien or counterclaim it may have or hereafter acquire in respect of monies held in the Deposit Accounts.
「銀行は預託勘定にある金銭に関して、現に有しているか、今後有すべき相殺、先取特権等、および反対請求のすべての権利を放棄する。」

次の例は人を主語にするのではなく、事項を主語にする非常にめずらしいものであるが、「そのようなことは誰それにとって放棄にはならない」と宣言する形をとっている。これもその原則を契約締結と同時に将来にわたって確立しているもので、動詞の現在形でよい。

Payment of invoices <u>does not waive</u> Buyer's rights if the Product does not comply with terms or specifications of Agreement.
「インボイスの支払は、もし商品が本契約に定められた条件、または仕様に合致しない場合の買主の権利の放棄とはならない。」

次に見るのは権利の放棄ではなく、義務を負わないという宣言である。これも締結時に原則を確立するもので、動詞の現在形でよい。「拒絶する」と訳してあるが、「一切関知せず、責任を持たない」という含みである。

The Owner hereby expressly <u>disclaims</u> any and all warranties, express, implied or statutory.
「船主は明示、黙示、または制定法上のあらゆる保証を拒絶する。」

‘disclaim’ は品質保証について使われる例が非常に多いが、そのほかに表明、保証についての用例もある。

Seller hereby expressly <u>disclaims</u> any and all representations and warranties, express, statutory, implied, written, oral or otherwise, including any representation or warranty regarding …

「売主は、……に関する表明、保証を含んで、すべての明示、制定法上、黙示、書面によるもの、口頭のもの、またはそれ以外の表明、保証を拒絶する……」

---

⑨　宣言⑷──一部の条項の存続：Survival

契約が終了したり、解除されても、いくつかの条項は生き残ることを規定するこの条項も、そのように宣言すれば用が足りるのだから、助動詞の助けは不要である。

The parties agree that this Article <u>survives</u> the modification, termination or expiration of this Agreement.

「当事者は本条が本契約の修正、解除、または満了にかかわらず存続することに合意する。」

No Party <u>shall</u> 〈→ may〉 make any announcement or otherwise make publicly available any statement or release concerning this Agreement or the transactions contemplated by it without prior written approval of the other Party. This clause <u>survives</u> the termination of this Agreement.

「いずれの当事者も、相手方の書面の事前承諾なく、本契約、または本契約に想定された取引に関する声明を発表したり、その他記事や記者発表を公表してはならない。本条は契約の終了にもかかわらず存続する。」

If this Agreement is properly terminated by Buyer, the Deposit less the non-refundable portion will be promptly returned to Buyer and the parties will have no further rights or obligations under this Agreement except for any that expressly <u>survive</u> the termination of this Agreement.

「もし本契約が適法に買主によって解除された場合は、預託金から返還不能部分を除いたものは、買主に速やかに払い戻されるものとし、当事者は本契約の解除にもかかわらず明文で存続するものを除いて、本契約に基づいていかなる権利、または義務も有さないものとする。」

　次の例のような 'shall' は立法の用法と考えられるが、'survive' だけで十分に意味が伝わるので、不要である。

> The obligations of the parties under this Agreement that by their nature would continue beyond expiration, termination or cancellation of this Agreement <u>shall</u> survive any such expiration, termination or cancellation.
> 「当事者の本契約における義務であって、その性質から本契約の満了、解約、または解除後も継続すべきものは、満了、解約、または解除後も存続するものとする。」

⑩　事実、状況を伝える動詞

　権利や義務を創設したり、変更したりするわけではなく、事実や状態を述べるだけのときは現在形の動詞が使える。

> The License <u>is</u> personal to the Company, and <u>does not extend</u> to any Affiliate of the Company.
> 「ライセンスは専ら会社に属するものであり、会社の関係会社に及ぶものではない。」

　次の規定は傭船契約からとられたものであるが、「船主によって引き渡される」という事実を述べるためだけの目的で置かれているので、動詞の現在形で書かれている。

> The Vessel <u>is</u> delivered by the Owner to the Charterer "as is, where is" and with all faults.
> 「船舶は船主から傭船者に、現状有姿条件で引き渡される。」

　もしこれを次のように書いたら、意味が変わってしまう。'be delivered' という状態を作り出すように、すなわち「引き渡せ」、という船主に対する指示になるからである。

　The Vessel <u>shall be</u> delivered by the Owner to the Charterer "as is, where is" and with all faults.
　「船舶は船主から傭船者に、現状有姿条件で引き渡されるものとする。」

　次も事実を述べているだけなので、動詞の現在形を使う。そして今の状態を述べるものである。

　The name and logo of "Country Ranch" <u>are</u> wholly owned by Seller.
　「『カントリー・ランチ』の名前とロゴは、専ら売主のものである。」

　これを 'shall be' としたら、'wholly owned by Seller' 状態に変更する指示になり、例えば現在は買主が持っているとか、両者が共有しているものを、売主専有に変更、移転するべしという指示ととられうる。
　次の例でも 'own' や 'is free' ということは、事実の叙述であるから、権利、義務等に関するような助動詞を添える必要はない。

　Aurora <u>owns</u> all right and title to the Licensed Technology, and to the best of Aurora's knowledge, the Licensed Technology <u>is</u> free of any claim or other encumbrance of any third party.
　「オーロラはライセンス技術に対するすべての権利、権限を持っており、オーロラの知る限り、ライセンス技術はいかなる第三者からの権利請求や負担の対象ではない。」

　否定の文章の場合も同様のことがいえる。

　This Agreement <u>is not</u> intended to and <u>does not</u> create any relationship of partnership, joint venture, agency, or employment.
　「本契約はパートナーシップ、ジョイント・ベンチャー、代理関係、または雇用関係の創設を意図したものではなく、またそれらを創設するものでもない。」

　このような規定を 'shall' を使って「指示」のように書くことを見かけることがあるが、そうする必要はなく動詞の現在形でよい。

　次の規定も、累積的であるという現状を述べ、何の影響も与えないという明確な原則を宣言するもので、動詞の現在形で正しく意図が通じる。

　　The rights, powers, and remedies of each of the Parties provided in this Agreement <u>are</u> cumulative and the exercise of any right, power or remedy <u>does not</u> affect any other right, power or remedy that may be available to either Party.
　　「本契約に規定されている各当事者の権利、権限、および救済は累積的であり、いずれかの権利、権限、または救済の行使は、当事者の有するであろう他の権利、権限、または救済にいささかも影響を与えない。」

⑪　茲許（ここもと）：Hereby

　'hereby' は 'by this agreement/document' を簡略化した表現だが、その意味するところは「この契約を、ここで締結することによって」ということで、締結時点で何かをする（してしまう）ことを示しており、動詞の現在形でよい。

　　Assignor <u>hereby assigns</u> to Assignee all of Assignor's right, title and interest in and to the Assumed Contracts, and Assignee <u>hereby accepts</u> such assignment and <u>assumes</u> all of Assignor's duties and obligations under the Assumed Contracts and <u>agrees</u> to pay and perform all of the obligations of Assignor under the Assumed Contracts accruing on and after the Effective Date.
　　「譲渡人は茲許、譲受人に引受契約の下で譲渡人が有するすべての権利を譲渡し、譲受人は譲渡を受け、引受対象契約上の譲渡人の義務を引き受け、発効日以降に引受契約上で譲渡人に生じる義務のすべてを、それぞれの履行期に支払い、履行することに合意する。」

　資産買収契約で、契約締結の時点に引受対象契約上の権利を譲り受けるとともに、義務の履行を引き受ける、というものである。もし契約締結より後に譲渡、引受けが起こるという話であったとすれば、契約時にはまだ何も起こっていないので、その後の当事者の義務としておくために 'shall' を使う必要がある。

あわせていつそれが起こるかも規定することになろう。

「支払い、履行する」という部分は今後、発生する義務を対象としているので、'pays and performs' と書かずに、'agrees to pay and perform' として契約締結における、将来に対する約束の形をとっている。'shall pay and perform' としない理由は、文章の流れ上、'Assignee hereby … shall' とは書けないからである。

次の2例も契約締結と同時に事が起こるという構成である。

Northern hereby grants to the Company an exclusive license to use the Licensed Technology in the Territory.
「ノーザンは茲許、会社にテリトリー内でライセンス技術を使う排他的権利を供与する。」

The Owner hereby charters and demises to the Charterer and the Charterer hereby hires, and takes on demise, from the Owner, the Vessel.
「船主はこの契約によって傭船者に船舶を貸し渡し、傭船者はこの契約によってこれを船主から借り受ける。」

10. 副詞節の中の助動詞

契約書作成の目的では、'if' 'in the event' 'as soon as' 'until' 'when' 'after' 'before' 'on condition that' 'provided that' などに導かれた副詞節中の動詞は現在形でよい[21]。'shall' を使う例をしばしば見かけるが、現代の英語ではそうする必要はない。

法令中でも 'shall' が頻繁に使われている。次の規定は英国の「1830年運送人法（Carriers Act 1830)」第2条の一部で、申告を受けた上で、£10を超える高価品（金、銀、貴金属、貨幣等）の運送を引き受けた運送人は、合法的に割増運送賃を請求できるものとする、という趣旨である。

21　最後の2つの用例は、第5章「8．ただし書を導く表現——provided that, providing that」「9．『とき』と『時』——if と when の使い分け」参照。

When any parcel … shall be so delivered, and its value … and contents declared as aforesaid, and such value shall exceed the sum of ten pounds, it shall be lawful for such mail contractors, … and other common carriers to demand and receive an increased rate of charge …

　最初の2つの 'shall' は、'when' に率いられた副詞節中に使われている。いかにも法律文らしい感じはするかもしれないが、現代では不要である。なお3つめの 'shall' は「立法」の用法である。これもこの場合は 'is' でよい。
　仮定をする場合に、契約書中でも次のような例が少なからず存在する。古い用法であり、形式的、あるいは高雅な文の中で、不確実性を表すために使われるが、契約書では必要ない。契約書における仮定は仮定ではあるものの、事実に反する仮定や起こるか起こらないか全くわからない仮定というよりも、場合分けをして「こうなったときには、こう対応する」としているにすぎないので、事実として書けばよいのである。いずれも 'If it is' でよい。

　If it shall be necessary under the laws of any country that copyright registration be acquired in the name of Owner, Purchaser may apply for said copyright registration.
　「もしいずれかの国の法律で、著作権の登録は所有者の名前で取得することが必要とされている場合は、買主がその登録を申請することができる。」

　この例の2つめの 'be' は 'necessary' に続く名詞節中にあるために、仮定法現在の用法に従って原形で書かれたものであるが、これも現代では 'is' でも全く問題ない[22]。

　If it shall be determined that Party A has violated any of its obligations under this Agreement, all obligations owed to Party A by Party B shall immediately cease 〈→ immediately cease〉.
　「もし当事者Aが本契約の何らかの義務に違反したとされた場合、当事者B

[22]　第2章「4．原形の動詞の使用——Subjunctive」および本章「5．'should' の用法 (2) 'should' を使うことができる場合」参照。

が当事者 A に負っている義務は直ちに消滅する。」

以下の諸例は副詞節中に動詞の現在形が使われているものである。

If the Buyer <u>fails</u> to make any payment on the due date then the Seller <u>shall be entitled to</u> 〈→ may〉 suspend further deliveries.
「買主が支払日に支払をしなかった場合は、売主はその後の引渡しを停止することができる。」

次の規定は合弁事業の契約の中で、不履行を犯した当事者に通知をした当事者が、不履行当事者の持ち分を買いとる意思がない場合は、不履行当事者は逆に通知をした当事者の持ち分を買いとることができる、ということを定めたものの一部である。

If the Notifying Member <u>elects</u> not to or <u>fails</u> to exercise its right to purchase the Interests of the Defaulting Member, the Defaulting Member <u>shall have the right to</u> 〈→ may〉 purchase the Notifying Member's Interests at a price equal to the Fair Market Value multiplied by the Interest Percentage of the Notifying Member.
「もし通知当事者が、不履行当事者の持ち分を買いとる権利を行使しないこととするか、または行使しなかったときは、不履行当事者は通知当事者の持ち分を、『公正な市場価格×通知当事者の持ち分割合』に等しい価格で、買いとる権利を有する。」

次の例は資産売却等にあたって、売却する当事者に義務を課す規定である。

In the event Customer <u>transfers</u> its business involving Product under this Contract, the new owner（s）shall be obligated by Customer to assume all of Customer's obligations under this Contract relating to the affected Product.
「顧客が本契約上の商品を含む営業を譲渡する場合は、顧客は新しい所有者に、関係商品に関する本契約上の顧客の義務のすべてを引き受けることを義務づけ

なければならないものとする。」

なお、新しい所有者に義務を負わせる部分が受動態で書かれているが、次のように能動態にする方がずっと意味がわかりやすくてよいだろう。文章の前後で主語が統一されるため、読みやすさも増す。訳はそれに従った。

In the event Customer transfers … under this Contract, Customer shall obligate/cause the new owner (s) to assume …

次の例は大部のフルターンキー契約で、あらかじめ契約内の矛盾が予想されるので、その場合は速やかに通知して、解決を図ろうという趣旨の規定からとられたものである。

In the event of contradictions between the individual components of this Agreement, the Contractor shall notify the Principal as soon as it becomes aware of such a contradiction.
「本契約の個別の要素に矛盾があるときは、請負人はそのような矛盾に気が付き次第、速やかに施主に当該矛盾について通知しなければならない。」

次の2例のように、現在形は現在完了形を含む。

After all the conditions listed in Section 2.2 have been fulfilled, the parties shall conduct the Closing within 30 Business Days at Party A's office.
「2.2条に列挙してあるすべての条件が成就した後に、当事者は30営業日以内に当事者Aの事務所でクロージングを行わなければならない。」

Buyer shall not, until the Capitalised Interest under the Purchase Agreement has been repaid in full, pay any dividends to its shareholders.
「買主は、購入契約の下で元本に組み入れられた利息が全額支払われるまでは、株主にいかなる配当もしてはならない。」

次の例は造船契約中の、試運転の結果に関する規定である。

Upon completion of the sea trial and <u>when</u> the trial results <u>are</u> available, Builder shall promptly provide the results of the tests to Buyer in writing.

「海上試運転の終了後、試運転の結果が入手可能になったら、造船会社は速やかに諸テストの結果を書面で買主に報告しなければならない。」

最後は企業買収契約中の、情報開示についての申し合わせである。

<u>Before</u> a party <u>makes</u> a disclosure, it shall, to the extent it is practicable to do so, notify each other party of such disclosure and consult with each other party as to the timing, content and manner of making the disclosure.

「一方当事者が開示を行う前に、その当事者は、そうすることが実務上可能である限り、他方当事者に開示について通知し、その時機、内容、および開示の方法について、他の当事者と協議しなければならない。」

第4章

副詞

1．契約書における副詞の役割──本当に必要なのか

(1)　必要のない副詞

契約書の基本的役割は、明確に当事者の権利・義務を規定することである。契約書は文学ではないので、情緒的な言葉を使う必要はない。実際の契約書を見ていてもあまり副詞は使われていないし、使われていても種類も数も限られている。

もちろん契約書にも説明的な部分もあれば、強調したいところもあって、副詞は使われる。文意を明らかにする役目を果たしているものもある。

しかし、中には副詞が本当に契約書解釈の助けになる働きをしているかどうかに、疑問があることも少なくない。

"Confidential Information"means non-public information of a Disclosing Party, including（a）… （b）any information disclosed in writing that is <u>clearly</u> marked"confidential"or with a similar proprietary notice at the time of disclosure.
「『機密情報』とは開示当事者の非公開の情報であって、（a）……（b）開示の時に『機密』、または類似の専有情報である旨の注意書きがはっきり記されている、書面で開示されたあらゆる情報を含む。」

これは売買契約中の機密情報に関する規定である。'clearly' は当事者の強調したいことを表している。しかしこの語はなくてはならないのだろうか。次の例を見てみよう。

Information of any tangible form including any document that Seller wishes to be protected from disclosure to third parties must be marked "Confidential"or"Proprietary"at the time such information is provided to the Buyer.
「書類を含み何らかの有形の情報であって、売主が第三者への開示を防ぎたいと望むものは、買主に当該情報が開示される時に、『機密』、または『専有』と

記されるべきものとする。」

　これも類似の規定であるが、もし先にこの文を見ていたとしたら、「この書き方では明確さ、明瞭さを欠いている。『明白に（'clearly'）』といった類いの語が必須である」という感想を持つだろうか。「何か書くべきなのに、抜けている語は何か」と聞かれても、特に思い付かないであろう。実際にも2つめのような用例も少なからずある。'mark' は「しるしを付ける」という意味である。では具体的にはどうすればよいのか。両方の例とも「機密（'confidential'）」等と使用すべき言葉まで例示して、何をすればよいかもはっきり示してある。一体 'clearly' はそれに何を付け加えているのだろうか。

　このような使い方をされた副詞には、言葉が契約解釈の補助にならない、という問題がある。あったからといって明確さが増すわけではない。なくても意味が変わるわけでもない。確かに強調されているので、注意して読むかもしれないが、判断の精度が高まるわけでもない。

　加えていえば、もしこれらの語に積極的な効用が期待されているとしたら、つまり「はっきり記す」と「記す」が異なる意味を持つとしたら、'mark' という言葉が副詞なく単独で使われているところでは、副詞があるときとは異なった意味合いを与えるべきなのだろうか、という疑問さえ出てくる。契約書を読むときには、すべての言葉に意味を与えることが原則である。そうだとすれば、異なる表現には異なる意味を与えなければならないからである。'clearly' が具体的に何も付け加えていないのなら、極端にいえばない方がすっきりしている。

(2)　必要な副詞

　一方、明らかにあると、ないとでは意味が異なる副詞もある。

　　Immediately after receipt of an order to proceed, the Vessel shall sail to the port of destination.
　　「航海命令を受け取ったら、船は直ちに目的港に向けて出港しなければならないものとする。」

　もしこの規定に 'immediately' がなかったら、出港まで5日かかっても契約

違反になるとは限らないだろうが、あれば１、２日の内に船出しなかったら契約違反になろう。次の３つを見比べてみれば、副詞に重要な役割がありうることがよくわかる。

> Immediately after receipt of an order to proceed,…
> Promptly after receipt of an order to proceed,…
> After receipt of an order to proceed,…

　もちろん 'immediately' とはどれくらいの期間を意味するかは、場合による。'immediately' と 'promptly' の差はどれくらいかという疑問もある。最も良いのは「24時間以内に」といったように数字を入れることである。それはそれとして、もしこれらの副詞がなければこの規定の意味は、ガラッと変わってしまう。
　このように副詞が意味を持つものか、慣例的に使われているが本当はなくてもよいものか、ということは副詞を使おうとするときに常に考えておくべきことである。
　以下では契約書に頻繁に出てくる副詞を取り上げて、どのような言葉と組み合わせて使われるか、本当に使う意味があるのかを見てみたい。なお副詞の中には取引形態に特有の語で、必ずしも法律用語的ではないものもある。例えば傭船契約には航海に関する副詞が出てくるし、薬品の開発契約には化学の表現が出てくる。それらはとりあげていない。また一般的に使われる言葉で、特に法律文書だからといって難しく考えなくてもよさそうなものも挙げていない。

2．契約書に頻繁に出てくる副詞

　契約書に繰り返し出てくる副詞を、アルファベット順に並べて検討してみる。２つのことに注目しながら読んでいただきたい。
　１つはこれらの言葉がどのような動詞、時には形容詞とともに使われているか、ということである。例文の中では動詞、そのほかにも下線を引いた。副詞にも相性というものがあるようで、ここに例示したような動詞、またはそれに類する動詞とは一緒に使われていることが多いが、あまりそれ以外の組み合わせは、少なくとも契約書では見かけないものもある。
　もう１つはその副詞は本当になければならないか、また、あることによって

かえって全体の中で「有る無しによる意味の違い」という問題を作り出していないかということである。このことは契約文章を作成するときに、常に心しておかなければならない。

　なお例文は文章になっているものもあるが、全体を示す必要がないと思われたときは、一部だけを取り出して示してある。

---

①　accurately：「正確に」「きちんと」

books, records, and accounts <u>accurately</u> <u>reflect</u> all transactions and dispositions of assets and the Company

「すべての資産の取引、および処分、並びに会社に関することを正確に反映した帳簿、記録、および勘定」

Such notice shall contain all information reasonably necessary to enable the Certificate Administrator to <u>accurately</u> and timely <u>report</u> the event under the Act.

「当該通知は証明書管理者が法の下で、正確、かつ適時に出来事の報告をなすことができるような、合理的に必要なすべての情報を含むものとする。」

Party B shall <u>keep</u> its accounts <u>accurately</u> in due course.

「当事者 B は適時に、正確に勘定を管理しなければならない。」

---

②　actively：「積極的に」「能動的に」

The sub-distributors shall not <u>actively</u> <u>seek</u> or <u>solicit</u> customers for the Products outside the Territory.

「サブ・ディストリビューターは、テリトリー外で商品のお客を積極的に開拓し、または受注活動をしてはならない。」

ここには１つ考えるべき問題がある。「積極的に開拓等をしてはならない」と書くと、では「消極的」ならよいのか、という疑問である。もし 'actively' を入れなければそのような疑義は発生しなかったはずである。もちろん現地の

法制度の下では、そのような販売を全面的に禁止することができないというなら、「積極的」な活動だけを禁止の対象にする、という書き方も正当化される。なおこのような文脈では 'seek' 'solicit' のほかに 'promote' という動詞もよく出てくる。

Distributor shall <u>actively</u> <u>assist</u> Supplier to ensure prompt and safe recall or withdrawal of the Products from the Territory.
　「代理店は積極的にサプライヤーを助けて、テリトリーからの迅速で安全な商品のリコール、または引き揚げを保証しなければならない。」

冒頭の例は否定文だったので、'actively' でない場合の疑問が出たが、この例ではそういう疑問は出ない。ただしほかの所に 'assist' という言葉が修飾なく出てきたときに、この個所との努力義務の程度の違いが問題になることは、考えられないこともない。

Each party may, at its sole expense, <u>actively</u> <u>participate</u> in any suit or proceeding, through its own counsel.
　「いずれの当事者も、自己の費用で、自己の弁護士によってすべての訴訟、法手続に参加することができる。」

ここでの意味は「能動的に」ということであろう。その反対の「受動的に訴訟に参加する」という表現があったとしたら、それは「参加しない」という意味というより、「言われた書類は出すが、それ以上は特に何もしない」という程度の参加にとどまることを指すと考えられる。

Party B shall <u>actively</u> <u>cooperate</u> with Party A to provide services.
「当事者 B は積極的に当事者 A に協力して、役務を提供しなければならない。」

最後に反面教師として、法律的にもそれ以外でもあまり役に立っていなさそうな用例を挙げておこう。

The Lender <u>shall</u> 〈→ is entitled to〉 enjoy the interest yield from its

Loan Amount and shall <u>actively</u> <u>pay</u> the possible taxes incurred by interest.

「貸主はその貸付けからの利息収入を享受することを得、税金を前向きに支払わなければならない。」

　前向きだろうが渋々だろうが、支払うべきものは払わなければならないように思われる。

---

③　actually：「実際に」「現実に」

---

the sum <u>actually</u> <u>received</u> by Licensor
「ライセンサーによって実際に受領された金額」

refunds, credits and allowances <u>actually</u> <u>made</u> or <u>allowed</u> to customers for returned defective Products
「返還された欠陥商品に対して、顧客に実際に支払われ、または計上された返戻金、口座への入金、および引当金」

Any indemnity payment shall be decreased by any amounts <u>actually</u> <u>recovered</u> by the Indemnified Party under third party insurance policies.
「補償支払金額は、補償を受ける当事者が第三者の保険から実際に回収した金額だけ減額されるものとする。」

Quantities <u>actually</u> <u>shipped</u> pursuant to a given Purchase Order
「買注文に従って、実際に船積みされた数量」

Service Charges <u>actually</u> <u>paid</u> to such Provider
「当該供給業者に対して、実際に支払われたサービス・チャージ」

to the extent that the Indemnifying Party is <u>actually</u> <u>prejudiced</u> by such failure
「補償を受ける当事者が、そのような不履行によって、現実に不利益を被った

範囲において」

---

④　adversely：「不利に」「不都合に」

否定的な意味合いである。'affect' という言葉に付く場合が非常に多いが、それ以外の例もいくつか挙げておく。

---

doing so may adversely affect Licensor's goodwill in the Trademarks
「そのようにすることは、ライセンサーがトレードマークについて持つ暖簾に、悪影響を与えるかもしれない」

---

in any manner that would materially and adversely affect the rights thereunder
「そこにおける権利に、重大、かつ不利な影響を与えるかもしれない何らかの方法で」

The Trustee is not in violation of any law or any order, which violation is likely to affect materially and adversely the ability of the Trustee to perform its obligations under this Agreement.
「受託者は、もし違反すれば受託者が本契約上の義務を履行する能力に、重大かつ深刻な影響を与えうるような、いかなる法律や規則にも違反していない。」

---

the operation of the Refinery would be adversely impacted
「製油所の操業は好ましくない打撃を受けるであろう」

Any such new intellectual property rights shall not be used adversely against Buyer.
「いかなるそのような新規な知的財産権も、買主に不利に使用されてはならない。」

Buyer shall not solicit or induce any vendor, employee, agent, or consultant of CD to terminate or adversely alter their relationship, employment, representation, or other association with CD.

　「買主は CD のベンダー、従業員、代理人、またはコンサルタントに、CD と
の関係、雇用関係、代理関係、またはそのほかの結び付きを終了させたり、不
利に変更するよう、勧誘したり、誘導したりしてはならない。」

---

⑤　automatically：「自動的に」「特にほかに手続をとることなく」

　特別に法律的語彙というわけではないが、よく使われる。'automatically' が
ない場合に、何らかの手続を経る必要があるかどうかは、その契約による。

　If an Event of Default has occurred, all the Notes then outstanding
shall 〈→不要〉 automatically become immediately due and payable.
　「もし不履行事由が発生した場合は、未決済のすべての手形は自動的に、直ち
に弁済期が到来するものとする。」

　In the event of any force majeure event, performance of the obligations
hereunder by any of the Parties shall be suspended and shall be
postponed automatically.
　「不可抗力事由発生の際は、当事者の義務履行は中断され、自動的に延期され
る。」

　This Agreement shall have 〈→ has〉 a term of ten（10）years and shall
be 〈→ is〉 automatically renewed by ten（10）years for unlimited times.
　「本契約は10年の契約期間を持ち、10年ずつ何回でも自動的に更新される。」

　All sub-licenses automatically terminate in the event the license to the
Licensee under this Agreement ends.
　「本契約の下でライセンシーに対して与えられたライセンスが終了したときは、
すべてのサブライセンスも自動的に終了する。」

⑥ commercially：「商業的に」「商売として」

動詞を修飾するより、形容詞の 'reasonable' を修飾することが多いが、その他の例も少数ながら存在する。

make commercially reasonable efforts
「商業的に適切な努力をする」

use a commercially reasonable estimate
「商業的に合理的な見積もりを使う」

negotiate a commercially reasonable substitute
「商業的に適切な代替案を交渉する」

in a commercially reasonable manner
「商業的に合理的な方法で」

such Operational Modification is operationally, commercially and legally feasible
「そのような運転上の改変は運転上、商業的、かつ法的に可能である」

to the extent it is commercially practicable
「商業的に実現可能な範囲内で」

⑦ commonly：「しばしば」「大抵は」「広く」

複数の人、物の多くに共通にみられることをいうが、全員・全体について適用される必要はない。

commonly known as co-branding
「しばしば共同ブランディングといわれている」

Services will be rendered in accordance with any codes of conduct <u>commonly</u> <u>recognized</u> by Persons who perform similar services in the country in which the Services are performed.

「役務は、役務の履行される国で類似の役務を履行する者に、広く認識されている行動規範に沿って、提供されるものとする。」

The term <u>shall have</u> 〈→ has〉 the meaning <u>commonly</u> <u>used</u> in the nuclear industry.

「その言葉は、原子力業界で共通に使われている意味を持つ。」

全員に適用されなくてもよいとはいうものの、ちょっと立ち止まって考えてしまう、興味深い例を紹介しておこう。

The term 'or' shall be interpreted in the inclusive sense <u>commonly</u> <u>associated</u> with the term 'and/or'.

「'or' という言葉は、'and/or' に普通結び付けられているような、包括的な意味を持って解釈される。」

起草者は 'and/or' におけるように、'or' はその前後にくる語の両方を含んで解釈される、という意味のことをいっているが、'and/or' の中で 'or' はそういう意味を持っているのだろうか。そもそも 'and/or' が何を意味するかについて、世の中に共通の理解が本当にあるのだろうか。契約書の中で 'commonly' というときには、疑問を持つ人はまずいない、と思われるぐらいの状態を目指すべきであろう。

---

⑧ conclusively：「疑義なく」「結論として」

次の例では要件に沿った指示は、実際には要件に沿っていないかもしれないが、適法に出されたと思ってよい、ということを表している。

The Escrow Agent <u>is authorised to</u> 〈→ may〉 <u>rely</u> <u>conclusively</u> upon any Instruction if it believes in good faith that such Instruction has been executed in compliance with the requirements of this Agreement.

「エスクロー・エージェントは、もし指示がこの契約の要件に従って作成されたものだと、善意に信じた場合は、指示を疑義なく正しいものとして、これに拠ってよい。」

「これで確定とするということで」といった意味でも使われる。

次の2例はいずれも、異議が出されなければ、問題のありなしは問わず、請求書は最終的なものになる、ということを定めたものである。

Publisher will give CEE notice of any objection to a statement within 6 months following the date on which CEE first sent the statement to Publisher, or the statement <u>will become</u> 〈→ becomes〉 <u>conclusively binding</u> and Publisher waives any further right to object.

「出版社は請求書に対する何らかの反論の通知を、CEE が出版社に最初に請求書を送付した日の翌日から6か月以内にしなければならず、もしそうしない場合は、請求書は確定的に拘束力を持ち、出版社は以後、異議を唱える権利を放棄したものとする。」

All invoices submitted by Service Provider during any calendar year <u>shall conclusively be</u> 〈→ are <u>conclusively</u>〉 <u>deemed</u> to be true and correct four（4）months following the end of such calendar year.

「役務提供者が暦年中に提出した請求書は、当該暦年終了後4か月したら、確定的に真正で、間違いのないものとみなされる。」

次の例ではエージェントは、何も起こっていないという推定を結論と扱ってよい、といっている。

The Agent <u>shall not be</u> 〈→ is not〉 required to take notice of any Event of Default, unless and until notified in writing of such Event of Default, and in the absence of any such notice the Agent may for all purposes of this Indenture <u>conclusively</u> <u>assume</u> that no Event of Default has occurred.

「エージェントは、不履行事由〔の発生〕について書面で通知を受けているのでない限り、いかなる不履行事由についても注意を払うことを要さず、そのような通知がない限り、エージェントは本証書に関する限り、不履行事由はなかったと結論的に考えてよい。」

---

⑨　concurrently：「同時に」「並行して」

No Supervisor may <u>concurrently</u> <u>serve</u> as a Director or a Management Personnel of the JV Company.

「監督者は誰も、同時に合弁会社の取締役、または経営人員として働くことはできない。」

In either case such notice <u>shall not be</u> ⟨→ is not⟩ effective unless a copy of such notice <u>shall be</u> ⟨→ is⟩ <u>sent</u> concurrently by registered certified mail.

「いずれの場合も、そのような通知はコピーが書留便で同時に送られなければ、効果を持たない。」

The remedies provided are cumulative, not exclusive, of any remedies provided by law, and may be <u>pursued</u> separately, successively, or <u>concurrently</u>.

「規定されている救済の権利は法律の定める救済と累積的であり、相互排他的なものではなく、そして別々に、順次、または同時に行使することができる。」

upon the expiration of the period of twelve (12) months (which may <u>run</u> <u>concurrently</u> with the twelve (12) month period described in the immediately preceding sentence)

「12か月の期間が終了したら（この期間は直前の文章に規定されている、12か月の期間と並進することが可能である）」

次の例は動詞との組み合わせというより、文副詞として 'with' という前置詞と一緒に使われる例である。「何々と同時に」ということを書くときに、し

ばしば見かけるものである。

Concurrently with the execution of this Agreement, the Sponsor, AX and the Company are entering into the Sponsor Agreement.
「本契約書の締結と同時に、スポンサー、AX、および会社はスポンサー契約を締結しようとしている。」

---

⑩　consistently：「一貫して」「継続的に」

常に同じであることを表す。契約書の中では、GAAP 等の原則が継続的に適用されてきた、あるいはされているという文脈で使われることが非常に多い。

GAAP consistently applied by the Company during the periods and at the dates involved
「会社によって期間中、および関係日付において継続的に適用されてきた GAAP」

Party A has consistently engaged in business activities in accordance with the law.
「当事者 A は法に従って、継続的に営業活動に携わってきた。」

---

⑪　constantly：「常に」「繰り返して」

雇用契約中で見ることがあるが、あまり一般の契約書中で使われる語彙ではない。

Executive shall be loyal and faithful at all times and constantly endeavor to improve his ability and his knowledge of the business of the Company.
「役員は常に忠実で、信義をもって、かつ、自身の能力と会社の営業に関する知識を高めるようにいつも努力しなければならない。」

Licensee shall, throughout the Term, <u>constantly</u> <u>use</u> its best efforts in the advertising, promoting, selling and distributing the Products.
「ライセンシーは契約期間を通じて、常に最善の努力を尽くして商品を宣伝し、販売を拡大し、販売し、流通させなければならない。」

次の例は普通なら 'consistently applied' と書かれるところであろう。

in accordance with accounting standards of China that are <u>constantly</u> <u>applicable</u>
「中国で継続的に適用されている、会計基準に沿って」

⑫　diligently：「勤勉に」「たゆみなく」

「なすべきことをコツコツと」といった感じである。

Pending resolution of a dispute, the Parties shall <u>proceed</u> <u>diligently</u> with the performance of this Agreement in accordance with its terms.
「紛争解決中も、当事者は本契約をその定めに従って、勤勉に努めて履行しなければならない。」

If, at any time prior to the expiration of the Warranty Period, Owner <u>shall discover</u> ⟨→ discovers⟩ any failure of the Warranty, Supplier shall promptly commence to correct, and <u>diligently</u> <u>pursue</u> until completion the correction of such warranty failure.
「もし保証期間の満了前のいつにても、所有者が保証の欠陥を発見した場合は、サプライヤーは迅速に補正に着手し、完了するまで誠実に補正を続けなければならない。」

Construction Agent will cause Construction of the Facility to be <u>prosecuted</u> <u>diligently</u> and without undue and unscheduled interruption.
「工事請負人は設備の建設を、たゆみなく、不要、かつ予定外の中断なく、進めしめなければならない。」

If Owner timely objects to a proposed use of Project Contingency, then the parties shall <u>diligently</u> and in good faith <u>seek</u> to establish a mutually acceptable resolution of their differences.

　「もし施主が提案されたプロジェクト予備費の使用に適時に異議を唱えるときは、当事者は誠実に、かつ誠意をもって、双方受け入れ可能な意見の相違の解決策を探求しなければならない。」

---

⑬　directly/indirectly：「直接的に」／「間接的に」

　しばしば両方の語が組になって現れる。事実関係を述べるときのほか、法的因果関係、責任関係などを論じるときにも使われる。

　"Affiliate"means, with respect to any Person, any other Person who <u>directly</u> or <u>indirectly</u>, through one or more intermediaries, <u>controls</u>, is <u>controlled</u> by, or is under common control with, such Person.

　「『関係会社』とは、ある者について、直接的に、または間接的に1人ないしそれ以上の中間当事者を通じて、その者を支配し、または支配され、または共通の支配の下にある、他の者をいう。」

　Distributor shall not <u>directly</u> or <u>indirectly</u>, alone or in conjunction with any other Person, actively <u>seek</u> or <u>solicit</u> customers for the Products outside the Territory.

　「代理店は直接的、または間接的、独自で、または他の者とともに、テリトリー外で商品の顧客を積極的に探し、または勧誘してはならない。」

　MC <u>shall have the right and option to</u> 〈→ may〉 sell and <u>distribute</u> such refused Products <u>directly</u> or through other distributors selected by MC.

　「MCは直接的に、またはMCが選んだ他の代理店を通じて、拒絶された商品を販売、および頒布する権利を有する。」

　Seller shall provide shipping instructions to the shipping carrier, shall bear all shipping costs, and shall <u>directly pay</u> all shipping carriers.

「売主は海運会社に船積指示を与え、すべての運送費を負担し、そしてすべての海運会社に直接支払をしなければならない。」

Force Majeure includes but not limited to the declared or undeclared war, war state, blockade, embargo, government decree or general mobilization that <u>directly affect</u> the equity transfer.

「不可抗力は株の譲渡に直接影響を与えるような宣戦布告のある、または布告のない戦争、戦争状態、封鎖、禁輸、政府法令、動員等をいう。」

Each party shall indemnify, defend and hold the other party harmless from and against any and all claims, damages or liabilities incurred by the other party resulting from any negligent or willful acts or omissions of such party, except to the extent any damages or liabilities are <u>directly caused</u> by the willful misconduct of the other party.

「各当事者はその過失、または故意の作為、もしくは不作為の結果として、他の当事者が被るすべての請求、損害、または責任について他の当事者を補償し、弁護し、かつ迷惑をかけないようにしなければならない、ただしそのような損害、または責任が直接に他の当事者の故意の違法行為による場合を除く。」

'indirectly' は 'directly or indirectly' という組み合わせ以外で、単独ではほとんど使われず、使われても特徴的な用法はなく、一般的な意味で使われるだけである。

---

⑭ **duly/unduly**：「適時に」「正当に」「合法的に」「適切に」／
「必要以上に」「受容可能な限度を超えて」「不合理に」

The Manufacturer shall pay the invoicing entity for the amounts due, owing, and <u>duly invoiced</u> under this Agreement.

「製造者は請求書を送付してきた者に、本契約に基づいて弁済期が到来し、債務が存在し、かつ正当に請求された金額を支払わなければならない。」

counterparts of this Amendment <u>duly</u> <u>executed</u> by the Transferor and the Agent

「譲渡人と代理人が適切にサインした、この修正契約書の複数の正本」

Lender means any person <u>duly</u> <u>authorized</u> in its principal place of business to lend monies, to finance or to provide financial support in any form.

「貸主とは、その主たる営業の所在地で、金銭を貸し付け、金融を行い、または形態の如何を問わず金銭的助力をする資格を適切に授けられた者をいう。」

Each Party hereby agrees to take all such action as may be necessary to effectuate fully the purposes of this Agreement, including causing this Agreement to be <u>duly</u> <u>registered</u>, <u>notarized</u>, <u>consularized</u> and <u>stamped</u> in any applicable jurisdiction.

「各当事者は適用ある国、地域において、本契約を適法に登録し、認証を取得し、査証を取得し、そして印紙を貼付して、本契約のすべての目的を完全に実現するのに必要なあらゆることを行うことに合意する。」

A notice sent by registered mail <u>shall be</u> 〈→ is〉 deemed <u>duly</u> <u>given</u> on the seventh day following the delivery of such notice to the postal service.

「書留便で出された通知は、通知を郵便に託した後、7日目に適切になされたものとみなされる。」

In the event of any audit, SWD shall provide M & F reasonable access （during normal business hours and in a manner that <u>will not</u> 〈→ does not〉 <u>unduly</u> <u>disrupt</u> the normal operation of SWD's business） to all documents.

「監査の際には、SWD は M & F にすべての書類に対する合理的アクセス（通常の営業時間内で、かつ SWD の通常の営業を必要以上に妨げないやり方で）を提供しなければならない。」

provided that such activities <u>shall not</u> 〈 → do not〉 <u>unduly</u> <u>burden</u> or

interfere with Service Provider's business and operations
　「ただし当該活動は、サービス供給者の営業と操業に不合理に負担をかけたり、これを妨げたりしないこと」

　Each Party shall make its best efforts to facilitate the completion of the transaction under this Agreement and shall not take any action or omit to take any action that would impede or unduly delay the completion of the transaction.
　「各当事者は本契約上の取引の完了を促進するために、最善の努力をするものとし、取引の完了を妨げたり、不合理に遅延させたりするような行動をとったり、すべきことを怠ったりしてはならない。」

次の文は同意を求められた当事者に対して向けられた、定型的な注意喚起の定めである。

　which consent shall not be unreasonably withheld or unduly delayed
　「当該同意は十分な理由なく留保されたり、必要以上に遅延されてはならない」

'unduly' は形容詞を修飾することもある。

　Force Majeure is an event that prevents, or makes unduly difficult, the performance of the Project within the agreed schedule.
　「不可抗力とは、合意されたスケジュール内のプロジェクトの履行を妨げたり、または過度に困難にする出来事をいう。」

　If any Governmental Authority takes any action as to Shipper whereby the sale or transportation of Gas is subjected to terms, conditions, or restraints that are unduly or overly burdensome to that Party, such Party may terminate this Agreement.
　「もし政府が荷送人に対して何らかの行動をとり、その結果、ガスの販売や運送が、その当事者の受容限度を超えた、または過度の負担を強いられるような条件、または規制に服するようになった場合は、その当事者はこの契約を解除

することができる。」

---

⑮　effectively：「効果的に」「能率よく」または「意図は別として、
　　　　　　　　現実には」「理論上そうではないとしても、事実として」

---

　1 つの意味は 'effective' の「効果のある」という意味に対応したものである。
「期待したことを実現するような方法で」といったニュアンスである。

　Any notice or other communication given in accordance with this
Section, if delivered by hand as aforesaid, <u>shall be</u> 〈→ is〉 deemed to
have been validly and <u>effectively given</u> on the date of such delivery.
　「本条に従ってなされたすべての通知、その他の意思表示は、もし前述のよう
に手渡しであれば、手渡された日に有効に、かつ効果をもってなされたものと
みなされる。」

　つまり方法的に正しければ、期待した効果が発生するという意味である。

　The Parties shall execute and deliver such additional documents as
either Party may deem necessary or appropriate to <u>carry out</u> more
<u>effectively</u> the intent and purpose of this Agreement.
　「当事者は、この契約の意図と、目的がさらに能率よく達成されるように、
各々が必要、または適切と思うような追加書類を作成して、引き渡さなければ
ならない。」

　この言葉にはもう 1 つ別の意味がある。「効果的に」と訳したのでは、意味
が通じない。

　All the Intellectual Property Rights（"IPR"）which are <u>effectively jointly</u>
generated, developed or acquired by both Parties under this
Memorandum of Understanding <u>shall</u> 〈→ 不 要〉constitute joint IPR of
the Parties.

> 「本覚書の下で、当事者によって、現実的には共同で創出され、開発され、または入手された知的財産権（"IPR"）は、当事者の共同 IPR を構成する。」

　両者が一緒に仕事をした結果として知的財産権が発生したときに、理論的には各人の仕事区分、貢献部分を分けることができるかもしれないが、現実にはそれを仕分けして特定することは難しく、「共同で開発した」としかいいようがないので、共同知的財産権にするという意味である。

　契約書ではあまり出てこないが 'effectively abandoned' 'effectively denied' などと消極的なことを述べる場合にも使われる。それぞれ「要するに放棄したということ」「なんだかんだいっても、結論は拒絶されたということ」を意味する。これを「効果的に放棄した」「能率よく阻まれた」と考えたのでは、全く何のことかわからない。例をもう 1 つ挙げておく。

> The war itself did not <u>effectively</u> end until two years later.
> 「戦争そのものは、実際には 2 年後まで終わらなかった。」

---

⑯　equally：「等しく」「平等に」

> Any other remaining expenses of the arbitrators shall be <u>borne equally</u> by the Parties.
> 「仲裁人の他のすべての費用は、当事者により平等に負担されるものとする。」

> The parties shall, pursuant to the terms of this Agreement, <u>equally contribute</u> financially to local Marketing programs.
> 「当事者はこの契約の条件に従って現地の販売計画に対して、平等に金銭的援助をしなければならない。」

　上の 2 つの例でいう「平等に」とは、「当事者の数で除して」、すなわち 3 人いるなら 1 人当たり 3 分の 1、ということを意味するが、平等というのは常に「等分」ということを意味するわけではなく、当事者の関与割合が異なれば、「比例的に」平等ということになる。

　次の例の取引では、債務を表象する複数の手形に対して、担保が供されてい

る。しかし、例えば100の債務が50・30・20の額面の3枚の手形に分かれていたとしたら、担保価値は3分の1ずつに割り振られるわけではなく、その債務額に応じて5：3：2に当てられる（'ratably'）。しかしこのことは不平等を意味するわけではなく、もし担保価値が被担保債権額の60％しかなければ、どの手形も60％担保される、つまり各手形は額面金額に応じて「平等に」担保されている、ということになるのである。

> The Notes shall be <u>secured</u> <u>equally</u> and ratably with such Indebtedness pursuant to the collateral documents.
> 「手形は担保書類に従って、その債務額に等しく比例的に担保されるものとする。」

もちろん数学的な場合ばかりではなく、単に「同じように」という意味で使われることもある。

> Defined terms herein <u>shall apply</u> 〈→ apply〉 <u>equally</u> to the singular and plural forms of the terms defined.
> 「本契約書において定義された語は定義された語が単数、および複数の、いずれの場合にも等しく適用される。」

---

⑰　exclusively：「専ら」「他を排除して」「排他的に」

> Green Bank is <u>exclusively</u> <u>authorized</u> to exercise all discretion in giving notices, requests, instructions and other communications relating to this Agreement.
> 「Green Bank は本契約に関する通知、請求、指示、およびその他の意思表示をなす裁量を行使する排他的な権限を持っている。」

> All claims and controversies arising out of or relating to this Agreement shall be <u>heard</u> and <u>determined</u> <u>exclusively</u> in any New York federal court sitting in the Borough of Manhattan of the City of New York.

「本契約から発生する、またはこれに関するすべての請求、および紛議はニューヨーク市マンハッタン区にある、いずれかのニューヨーク連邦裁判所でのみ審理、および決定されるものとする。」

Manufacturer agrees to <u>sell</u> and <u>provide</u> Products <u>exclusively</u> to Customer, and not to, directly or indirectly, sell or provide photovoltaic modules to any third party.

「製造者は製品を専ら顧客に販売、および供給し、直接、間接を問わず、いかなる第三者にも太陽光電池モジュールを販売、または供給しないことに合意する。」

次の例は形容詞を修飾する場合である。

the Concession is canceled for reasons <u>attributable</u> <u>exclusively</u> to the Mining Company

「採掘権は専ら鉱山会社に帰すべき理由で取り消される」

⑱　explicitly：「明示的に」「はっきりと」

反対語には 'implicitly' と 'impliedly' がある。いずれもそれだけで独立して使われることは少ない。'impliedly' は 'explicitly' よりも、⑲ に挙げる 'expressly' とともに出てくることが多い。'explicitly or by implication' という表現があるが、参考文献には出てくるものの、契約書での用例は多くない。

For the avoidance of any doubt, any and all online or e-commerce rights <u>shall be</u> 〈→ are〉 non-exclusive unless otherwise <u>explicitly</u> <u>agreed</u> in writing.

「疑問を排除するために記載すると、すべてのオンライン、またはeコマースの権利は、書面で明示的に合意された場合を除いて、非排他的である。」

The Parties agree that matters <u>explicitly</u> <u>reserved</u> to the consent, approval or other decision-making authority of one or both Parties are

beyond the authority of the JSC.
「当事者は、当事者の一方、または両方の同意、承認、またはその他の決定を
する権限を有する者に明示的に留保された事項は、JSC の権限を超えるもので
あることに合意する。」

The Customer acknowledges that the Products have not been tested by
the Manufacturer for safety and efficacy, unless otherwise <u>explicitly
stated</u> in Product Data provided by the Manufacturer.
「顧客は、製造者からの商品データにはっきりと述べられていない限り、製造
者は商品の安全性も効能も検証していないことを、認識する。」

次の例では副詞句を修飾している。この表現はよく見かけるものである。

Any waiver of the terms and conditions hereof must be <u>explicitly in
writing</u>.
「本契約の条件のいかなる権利放棄も、明文の書面によらなければならない。」

---

⑲　expressly：「はっきりと」「明示的に」または「特別の目的のために」

まず「はっきりと」「明示的に」の意味で使われている例文を見てみよう。
なお、'expressly' の反対語は 'impliedly' である。しばしば 'expressly or
impliedly' として組になって出てくる。なお 'impliedly' から逆に考えると、
反対は 'expressedly' になりそうだが、法律文書において副詞は 'expressly'、
形容詞では 'express' というのが慣例である。反対語には⑱で触れた 'implicitly'
もあるが、ともに使われる頻度は 'impliedly' より低い。

If this Agreement is terminated pursuant to Section 5.1, all further
obligations of the parties <u>shall</u> 〈→不要〉 terminate, except for the
obligations which are <u>intended</u>, <u>expressly</u> or <u>impliedly</u>, to survive the
termination of this Agreement.
「本契約が5.1条に従って解除された場合、解除後も存続することが、明示的、
または黙示的に意図されているものを除いて、当事者の向後の義務はすべて終

了するものとする。」

Unless expressly provided otherwise, all references to days, weeks, months and quarters mean calendar days, weeks, months and quarters, respectively.
「明文で異なる定めがない限り、日、週、月、四半期に関する語は、それぞれ暦上の日、週、月、四半期を意味する。」

Seller hereby expressly disclaims all representations and warranties.
「売主はすべての表明と保証を、はっきりと拒絶する。」

The Loan is expressly conditional upon the Agent having received such documents in such form and substance as it shall require 〈 → requires/ may require〉.
「貸付けはエージェントが要求するそのような書類を、要求する形式と内容で受領することを、明確に条件とする。」

これらの例で 'expressly' は、はっきり表示していることを強調する役割は果たしているが、1番目の例を除いて、なければならないかというと、ことさらなくても通じるし、同様の趣旨の規定でこの語がない実例も豊富にある。
次の規定はこの語の「特別の目的のために」の意味の用例である。

None of the terms of this Agreement shall be 〈 → is〉 deemed to be waived or modified except by a written document drawn expressly for such purpose and executed by the Party against whom enforcement of such waiver or modification is sought.
「本契約のいかなる規定も、放棄または修正を目的として、特にそのために作成され、当該放棄または修正が主張されようとする、その相手方によって署名された書面によるのでない限り、放棄、または修正されたとみなされない。」

「特にそのために」と訳しておいたが、簡単にいえば「わざわざ」である。明らかな意図を持って作成された書面なくして、不利益を強いられることはな

い、ということを表している。

---

⑳　fully：「できる限り多く」または「全面的に」「完全に」

「できる限り多く」といった意味合いでも使われるが、「全面的に」「完全に」を意味することが多い。

　次の2例は 'as much as possible' というニュアンスである。いずれの場合もどのようにすれば100％になるのかは、わからない。

> Licensee shall <u>fully</u> <u>cooperate</u> with Licensor and give to Licensor all reasonable assistance.
> 「ライセンシーはライセンサーとできるだけ力を合わせ、あらゆる合理的援助を与えなければならない。」

> The Company has truthfully, accurately, and <u>fully</u> <u>disclosed</u> its financial condition and audit results under the Applicable Laws.
> 「会社は適用される法律に基づいて、その財政状態と監査の結果を、真正に、正確に、かつ可能な限り開示した。」

　これらの例で、副詞がなく単に 'cooperate' 'has disclosed' と書いてあっただけだとすると、「まあまあ」「全力ではないが、恥ずかしくない程度に」協力ないし開示したときに、直ちに契約違反になるかどうか、判断の難しいところであろう。しかし 'fully' と書いてあれば、それでは許されない。その意味でこの副詞があることには意味がある。

　以下の諸例では、「大体」「ほとんど」は許されないと考えるべきである。

> The Company shall <u>comply</u> <u>fully</u> with all applicable laws with respect to the marketing and sale of the Products.
> 「会社は商品の宣伝、および販売に関して、適用あるすべての法規則を全面的に遵守しなければならない。」

> Any of the following is deemed as a Defaulting Event: … The Pledgor

fails to <u>fully perform</u> its Contractual Obligations;

「以下のいずれかは不履行事由とみなされる：……質権設定義務者がその契約上の義務を完全に履行しないとき；」

This Agreement <u>shall automatically terminate</u> 〈→ automatically terminates〉 when the Equity Purchasers have <u>fully exercised</u> their options to purchase all the equities held by the Shareholders.

「本契約は、株購入者が株主の所有するすべての株式を購入するオプションを、完全に行使したら、自動的に終了する。」

適当に法を遵守する、契約上の義務をほどほどに履行する、全株を取得するオプションを中途半端に履行する、ということはありえないからである。ということは振り返って考えてみると、この語がなくても冒頭の2例の場合のように、程度問題が起こる心配はないともいえる。つまり 'fully' の存在価値はそれほど大きくないのである。

㉑　immediately：「直ちに」「即座に」

「直ちに」「即座に」というニュアンスを持ち、ほかの表現（例えば 'promptly' 'without delay'）よりずっとスピードが要求される。

Upon completion of the Products Database, Licensee shall <u>immediately cease</u> sales of unapproved Products that are based on designs not contained in the Products Database.

「プロダクト・データベースの完成とともに、ライセンシーは直ちにプロダクト・データベースに含まれていないデザインに基づく、非承認商品の販売を中止しなければならない。」

Such interest <u>shall become</u> 〈→ becomes〉 immediately due and payable by the applicable Party.

「そのような利息は、直ちに関係当事者による支払の期限が到来する。」

After the occurrence of the Force Majeure Event, one Party shall immediately notify the other Party.

「不可抗力事由が発生したら、当事者はすぐに他方当事者に通知しなければならない。」

Either party may terminate this Agreement immediately upon provision of written notice if the other party becomes insolvent or files for bankruptcy.

「他の当事者が債務超過に陥ったり、または破産を申請したら、当事者は書面の通知を出すことによって、直ちにこの契約を解除することができる。」

次の 2 つの例は「時」に関する規定である。'immediately' の「（時間的、または距離的に）隣の」という意味からきて、それぞれ「すぐ前」「すぐ後」を指す。間を空けることは許されない。

the Services rendered during the immediately preceding twelve (12) month period

「直前の12か月の期間に提供された役務」

Delinquent payments will accrue 〈→ accrue〉 interest at LIBOR as of the close of the Business Day on or immediately following the payment due date.

「支払が遅延した場合は支払日、または支払日直後の営業日の終了時の LIBO レートで利息が発生する。」

支払日が営業日ではない場合は、直後の営業日のレートをとることになる。

㉒ independently：「独立して」「自分自身で」

特に法律文書として変わった意味はない。秘密保持条項の中でしばしば見かける。

Information independently developed by the Receiving Party without reference to the Confidential Information
「秘密情報と関係なく、受領者が独自に開発した情報」

入手の形態によっては 'discovered' が用いられることもあるし、'acquired' ということもある。'acquired' は第三者から入手したときにも使える。
　次の 2 例は中国の当事者との契約によく見られる規定である。契約当事者が独立性を持っていることを宣言する目的を持っていると推測される。

Party A has legal capacity to execute, and perform this Agreement, and may act independently as a subject of litigation.
「当事者 A は本契約を締結し、履行する法的能力を有し、訴訟の当事者として独立して行動することができる。」

full rights to dispose of its assets independently
「資産を自ら〔の意思で〕処分する完全な権利」

㉓　irrevocably：「取消不能に」

'revoke' が「取り消す」という意味なので、「取消不能に」を意味する。貿易に使われる信用状（'letter of credit'）は普通 'irrevocable' で、「取消不能信用状」と訳されている。
　次の例は、信用状と直接には関係ないが、発行銀行がパティシペーションという形で、信用状による与信という金融資産に対する利益を、参加者に移転する契約中の規定である。発行銀行は与信リスクを分散することができる。

Each Lender shall be 〈→ is〉 deemed to have purchased, and hereby agrees to irrevocably purchase, from Issuing Bank a participation in the Letter of Credit.
「各貸主は信用状発行銀行から、信用状へのパティシペーションを購入したものとみなされ、茲許取消不能に購入することに合意する。」

　ところでここでの 'irrevocably' は必要な言葉であろうか。この契約の締結をもって「購入する」ことに合意するのだから、いったん合意したらそれを一方的に取り消すことはできないはずである。法律上はいつでも取消し・解除が可能な事項について、当事者間で取消権・解除権を放棄すると特約するなら意味はわかるが、購入するという約束はいったんしたら、当事者間では取り消せないのだから、この 'irrevocably' は、宣言としての精神的重要性はあるとしても、法律上はあってもなくても同じである。

　次の例も、そのように考えると、この言葉がなければいつ取り消されても仕方がない、という性質のものでもなさそうである。ただし 'irrevocably' と書かなければ、法律上取消し可能というなら別である。

　Each of the Parties hereby submits to the exclusive jurisdiction of such courts and <u>irrevocably</u> <u>waives</u> any objection which it may have to the laying of the venue in any such court.

　「各当事者は、茲許その裁判所の専属的管轄に服すものとし、当該裁判所の専属的管轄合意に関しての異議を取消不能に放棄する。」

　次の 2 例も、もし法律上、委任や授権が取消し可能であったとしたら、この語を置くことに意味がある。

　Each of the Lenders hereby <u>irrevocably</u> <u>appoints</u> Invest Bank to act on its behalf as the Administrative Agent.

　「各貸主は茲許、Invest Bank を取消不能に、その代理として行為をする管理エージェントに任命する。」

　The Appointor agrees to, <u>irrevocably</u> and specifically, <u>authorize</u> and <u>delegate</u> FEB to exercise all rights entitled as a shareholder of the Company on its behalf.

　「任命者は FEB に取消不能に、かつ特定的に、会社の株主として行使可能なすべての権利を、自身を代理して行使する権限を与え、かつ委嘱することに合意する。」

　次の例でも何か法律上特別な理由がない限り、'irrevocably' はなくてもよいと思われるが、実務では「厳粛に」約束させるときに、このような句を差し挟むことがある。

　The Existing Shareholders hereby <u>irrevocably</u> and unconditionally <u>grant</u> to ABC the right to request the Existing Shareholders to transfer all or a part of the equity interests held by the Existing Shareholders in the Company to ABC.
　「既存株主は、既存株主が会社に対して持っている株式の全部または一部を、ABC に譲渡することを要請する権利を、茲許取消不能、かつ無条件に ABC に与える。」

㉔　knowingly：「知って」「わかって」「知りながら」

　刑事関係の事象では「故意に」を意味する場合もある。

　Licensee shall not <u>knowingly</u> <u>manufacture</u>, <u>sell</u> or otherwise <u>deal with</u> or <u>distribute</u> any of the Products outside the Territory.
　「ライセンシーはテリトリー外で、いかなる商品も知りながら製造、販売、その他取り扱い、または頒布してはならない。」

　No Group Company has <u>knowingly</u> <u>disclosed</u> any trade secrets, know-how or confidential information to any other Person.
　「いずれのグループ会社も何人にも、知りつつ、営業秘密、ノウハウまたは機密情報を開示してはいない。」

　Licensee will not <u>knowingly</u> or negligently <u>cause</u> or <u>authorize</u> any or all of the Products not conforming to this Agreement to be sold or distributed.
　「ライセンシーは知りつつ、または過失で、本契約に合致しない商品の一部、または全部を売却、または頒布させたり、それを許してはならない。」

Each Party <u>knowingly</u>, voluntarily, intentionally and irrevocably <u>waives</u> the right to a trial by jury in respect of any litigation based on this Agreement.

「各当事者は本契約に基づく訴訟に関して、陪審裁判を受ける権利を、そのことをわかった上で、随意に、自らの意思で、かつ取消不能に放棄する。」

㉕　materially：「著しく」「目立つほどに」

'material' が「重要な」「実質的な」を意味し、その副詞である。

最初の例文は企業買収契約からとられたものである。売主は契約締結からクロージングまでの間、目的会社を通常どおり維持、経営することを約束している。その目的は会社に「重大な」変更が起こらないようにすることである。

The Transferor <u>shall be</u> 〈→ is〉 responsible for the Target Company's normal operation and management and ensure its operation and business <u>shall not</u> 〈→ do not〉 suffer any <u>materially</u> <u>adverse</u> changes prior to the Closing Date.

「譲渡人は目的会社の通常の操業と経営に責任を持つものとし、クロージング日までの間に、その操業と事業が重大な変更を被ることのないことを保証しなければならない。」

ほかの例は挙げないが 'materially' は 'adverse' を修飾することが多い。悪影響は悪影響でも、その程度が看過できないぐらいに、というニュアンスである。

次のいくつかの例は動詞を修飾するものである。

Seller is not subject to any consent decree, contractual obligation or administrative order with any Governmental Authority pursuant to any Environmental Law that <u>materially</u> <u>restricts</u> the future use of any of the Purchased Assets.

「売主は買収資産の今後の利用を著しく制限するような、環境法に基づいた、いかなる政府機関との同意審決、契約上の義務、または行政命令にも拘束され

ていない。」

　"Force Majeure" <u>shall mean</u> 〈→ means〉 any cause or circumstance beyond a Party's control and that <u>materially</u> <u>impedes</u> the ability of such Party to perform its obligations hereunder.
　「『不可抗力』とは一方当事者の支配を超える事由、または状況であって、その当事者が本契約下の義務を履行する能力を著しく妨げるものをいうものとする。」

　to the extent that it either has not been previously approved by MICORP in writing or <u>differs</u> <u>materially</u> from a use previously approved by MICORP in writing
　「事前に書面で MICORP に承認されていないか、または書面で MICORP から事前に承認された用途と大きく差がある限り」

　The Group Companies' possession and quiet enjoyment of the Real Property has not been <u>materially</u> <u>disturbed</u>.
　「グループ会社の不動産の占有、および平穏享有は、ひどく妨害されたことがない。」

　そのほかにも多くの動詞を修飾するが、法律文書でしばしば見かけるものには、'delay' 'reduce' 'deviate' 'damage' 'modify' 'amend' 'affect' 'comply' などがある。
　次の用法は特筆すべき重要なもので、違反の程度を問題にするものである。動詞は 'violate' のこともあり、対象も契約のほか、法律、定款、判決など色々ある。

　If the other Party <u>materially</u> <u>breaches</u> this Contract, and such breach is not cured within sixty（60）days of the Notifying Party's giving written notice of such breach to the breaching Party …
　「もし一方の当事者が本契約の重大な違反をし、その違反が違反当事者に対する、他方当事者の書面による違反に関する通知から、60日以内に治癒されない

場合……」

　なお、違反の程度ではなく、違反する条項自体の重要さに言及する場合は
'material provision of this Contract' などという。

㉖　negatively：「消極的に」「否定的に」

「負の方向に」という意味である。

　Should Licensee take any action which <u>negatively</u> <u>affects</u> or <u>impacts</u>
the good name, goodwill or reputation of Licensor, such action shall be
deemed as a default by Licensee.
　「もしライセンシーが、ライセンサーの名声、暖簾、または評判に否定的な影
響や、働きを持つ行為をした場合は、そのような行為はライセンシーによる契
約違反とみなされる。」

　この例に出てくる 'affect' や 'impact' を修飾することが非常に多い。
'negatively' は意味からして 'adversely' と互換性がある。
　次の 2 つはほかの動詞との組み合わせである。用例の数はそれほど多くない。
2 つめの例では本来 'interfere with' が否定的な言葉なので、'negatively' が必
要不可欠とは思えない。

　A Force Majeure event <u>shall also include</u> 〈→ also includes〉 any other
uncontrollable and unforeseeable extreme event（s）that materially and
<u>negatively</u> <u>changes</u> the economics of the bargain that the Parties hereto
originally agreed to.
　「不可抗力事由は、当事者が当初合意した取引の利益に、大幅にかつマイナス
に影響するような変更をもたらす、その他の支配不可能、かつ予見不可能な極
端な事由をも含む。」

　EST represents, warrants and covenants that it <u>shall</u> 〈→ will〉 not enter
into any agreement with any other entity that would prevent or in any

way <u>negatively</u> <u>interfere with</u> EST's ability to perform its obligations
hereunder.

　「EST は EST が本契約下の義務を履行する能力を妨げ、またはそれに何らか
の否定的な影響を与えるような合意を、いかなる他の当事者ともしないことを
表明、保証、および誓約する。」

㉗　presently：「今現在」「現況では」

　The Company has the requisite corporate power and authority to carry
on its businesses as <u>presently</u> <u>conducted</u>.

　「会社は現在行っているような営業活動を行う、法人として必要とされる能力
と権限を有している。」

次の例は動詞を修飾するものではないが、よく見るものである。

　The execution by such Party of this Agreement <u>will not</u> 〈→ does not〉
violate any provision of any law, rule, regulation, order, injunction,
determination or award <u>presently</u> <u>in effect</u> having applicability to it.

　「当該当事者による本契約の締結は、その当事者に適用があり、現在有効であ
るいかなる法、規則、命令、差止命令、決定、または判断にも違反するもので
はない。」

　Target Company is not <u>presently</u> <u>engaged in</u> any legal action.
　「目的会社は、現況ではいかなる訴訟にも関与していない。」

同様の趣旨は訴訟、手続を主語にして書くこともできる。

　No administrative proceedings or court proceedings are <u>presently</u>
<u>pending</u> or, to the best of MBC's knowledge, <u>threatened</u> with regard to
any taxes or tax returns of MBC.

　「MBC の税金や納税書類に関しては、何の行政手続、または訴訟手続も、今
現在係属していないし、MBC の知る限り、そのおそれもない。」

All debts and liabilities <u>presently</u> <u>owed</u> by T-Tech, as well as any debts and liabilities incurred after the execution of this Agreement, <u>shall</u> <u>remain</u> ⟨→ remain⟩ T-Tech's sole responsibility.
「現在 T-Tech の負っている負債、および債務、ならびに本契約締結後に発生する負債、および債務は、引き続き T-Tech 単独の責任である。」

㉘　previously：「……の時より前に」

　今を終点として使えば「現在までに」となるし、過去の一点をとっていうなら「（過去の）その時までに」ということになる。契約書は基本的に、常に現在であるように書いてあるので、締結時からみれば将来の一時点を終点とする出来事であったとしても、この言葉が使える。つまり視点を規定が適用、参照される将来の時点に移して、「その時までに」と考えるのである。
　次の例では、ライセンシーは契約締結前に承認されたもの、および将来製造等をしようとする時までには承認されているものを、製造等しようとしている。

　Licensee seeks to manufacture, advertise, or sell <u>previously</u> <u>approved</u> Products or Materials.
「ライセンシーはそれまでに承認された商品、原材料を製造、宣伝、および販売しようとしている。」

　以下の例で「以前に」「その前に」「それまでに」と訳した部分も、将来の一時点を基点に考える。

　Such press release, public announcements or other communications contain only information <u>previously</u> <u>disclosed</u> in a press release, public announcement or other communication.
「そのような記者発表、情報公開、またはその他の意思表明は、何らかの記者発表、情報公開、またはその他の意思表明において、以前に開示されている情報しか含んでいない。」

　Upon termination in accordance with this Clause, neither party <u>shall</u>

have 〈→ has/owes〉 any further liability to the other in respect of this Contract except for any rights and remedies previously accrued under this Contract, including any payment obligations.

　「本条に基づいて解除されたときは、支払義務を含めて、本契約の下でその前に発生した権利や救済を除いて、いずれの当事者も本契約に関して、以後相手方にいかなる債務も負担しない。」

　If the loss to the Reinsurer under this Contract in any one Loss Occurrence is less than the amount previously paid by the Reinsurer under this Contract, the Company shall promptly remit the difference to the Reinsurer.

　「もしある一事故の下で本契約に基づいて再保険者に生じた損害が、本契約に基づいて再保険者によって、それまでに支払われた金額を下回る場合は、会社は速やかに差額を再保険者に送金しなければならない。」

㉙　**promptly**：「迅速に」「速やかに」

　動詞の中では 'notify' との組み合わせを多く見かける。

　The Distributor agrees that it will notify the Company promptly of any contact by any governmental, regulatory or administrative person concerning the Products.

　「代理店は商品について政府関係、取り締まり、または行政当局の係官から問い合わせがあったときは、迅速に会社に通知することに合意する。」

　「早く」には違いないが 'immediately' のような切迫感はなく、できる速度で充足すればよい、といった柔軟さがある。

　BIOCO will promptly provide Company with all information within its possession.

　「BIOCO は持っているすべての情報を、迅速に会社に提供しなければならない。」

次の例では 'promptly' といいながら、事情にもよろうが、着手までに15日の猶予を与えている。

Upon receipt of any Deficiency Notice, Supplier shall <u>promptly</u>, and in any event within 15 days of such receipt, <u>take</u> all commercially reasonable steps necessary to rectify each deficiency set forth therein.

「欠陥の通知を受領したら、サプライヤーは速やかに、いずれにしてもその通知の受領後15日以内には、通知にあるそれぞれの欠陥を補正するに必要な、商業的に合理的な手立てをとらなければならない。」

次にいくつかの、前置詞との組み合わせを見ておこう。

Vendor will inform Vendee <u>promptly after</u> becoming aware of any issue.

「売主は何か問題に気がついたら、速やかに買主に通知しなければならない。」

Supplier shall accept all Purchase Orders <u>promptly upon</u> submission.

「サプライヤーは購入注文を受け取ったら、速やかに承諾しなければならない。」

Supplier shall deliver an invoice to Buyer <u>promptly following</u> the last day of each calendar month.

「サプライヤーは各暦月の最終日の後、迅速に買主に請求書を提出しなければならない。」

㉚　properly：「適正に」「適切に」「適法に」

If a notice or other communication has been <u>properly sent</u> or <u>delivered</u> in accordance with this Clause, it <u>shall be</u> 〈 → is〉 deemed to have been received as follows:

「通知、またはその他の意思表示が本項に従って適切に送付、または配送されたときは、以下のとおり受領されたものとみなされる：」

Sufficient documentation shall be made available by the Contractor in order for the incurred costs to be <u>properly</u> <u>documented</u>.

「かかった費用に関して、書面の証拠が適切に備えられるように、請負人は書類を用意しなければならないものとする。」

Lessee agrees to promptly indemnify and hold Manager harmless from and against any and all liabilities, costs and expenses <u>properly</u> <u>incurred</u> by Manager with respect to such Hotel.

「賃借人は当該ホテルに関してマネージャーが適法に負った債務、コスト、および費用のすべてについて、マネージャーを速やかに補償し、一切迷惑をかけないことに合意する。」

During the Development Period, Mining Mex shall timely and <u>properly</u> <u>perform</u> all assessment work required to maintain the Concessions.

「開発期間中、Mining Mex は採掘権を維持するために、すべての必要な評価活動を適時に、かつ適切に行わなければならない。」

The Contract Term <u>shall be</u> 〈 → is〉 extended by a period equal to the duration of any Force Majeure Event <u>properly</u> <u>declared</u> in accordance with Clause 15.

「契約期間は、15条に従って適正に宣言された、何らかの不可抗力事由の存続期間と等しい期間にわたって、延長される。」

The Company has <u>properly</u> <u>filed</u> with the appropriate tax authorities all tax returns and reports required to be filed for all Tax Periods ending prior to the Closing Date.

「会社はクロージング日以前に終了したすべての納税期間において届出の必要な、関係税務署に対するすべての納税書類、報告を適法に行ってきた。」

Delivery of Deposited Securities may be made by the delivery of certificates which <u>shall be</u> 〈 → are〉 <u>properly</u> <u>endorsed</u> or <u>accompanied</u>

by <u>properly</u> <u>executed</u> instruments of transfer.

　「預託された証券の引渡しは、適切に裏書きのなされた、または適切に作成された譲渡書類を伴った、証書の引渡しによって行うことができる。」

---

③① **purportedly**

　「主張するところによると」「本人曰く」「……ということになっている」といったニュアンスなのだが、契約文書で使えるような適切な日本語が見つからない。動詞の 'purport' は「真実ではなくてもそう主張する」というような意味である。ただし言っていることは虚偽であることもあれば、そうではないこともありうる。

　次の例では借主が通知を出したときに、貸主はいちいちそれが本当に借主から来たものかを確認しなくても、一見して借主の通知だと思われれば、それを信用しても責任を問われない、ということを表す。このような 'purportedly given' という組み合わせは多く出てくる。

　The Lenders <u>shall be entitled to</u> 〈→ may〉 rely and act upon any notices <u>purportedly</u> <u>given</u> by or on behalf of the Borrower.

　「貸主は、借主によって、または借主の代理として出されたといわれる通知を信頼し、これによって行動することを得る。」

　次の例は、債権があると売主が信じて送付してくる請求書に対して、買主は債務はないと考えている場合のことを定めたものである。

　If Buyer disputes any amount <u>purportedly</u> <u>owed</u> in an invoice, Buyer shall pay the undisputed portion of the invoice, and notify Seller in writing as to the amount in dispute and the basis on which Buyer is disputing the applicable portion of such invoice.

　「もし買主が請求書中の、債務であるとされる金額のいずれかの部分について疑義を有するときは、買主は請求金額中の疑義のない部分を支払った上で、書面で疑義を持つ金額と、請求書中のその部分に疑義を持つに至った根拠を、売主に通知しなければならない。」

　次の規定には 'purported' が形容詞としても出てくる。ここでは意味がわかるように、かなり意訳しておいた。

　Any <u>purported</u> <u>transfer</u> of shares of Common Stock in violation of the Restrictions <u>shall be</u> 〈→ is〉 null and void. If, notwithstanding the Restrictions, a person <u>shall purportedly become or attempt</u> 〈→ <u>purportedly</u> <u>becomes</u> or <u>attempts</u>〉 <u>to become</u> the <u>purported</u> <u>owner</u> ("Purported Owner") of shares of Common Stock in violation of the Restrictions, then the Purported Owner <u>shall not</u> 〈→ does not〉 obtain any rights in and to such shares of Common Stock (the"Restricted Shares"), and the <u>purported</u> <u>transfer</u> of the Restricted Shares to the Purported Owner <u>shall not be</u> 〈→ is not〉 recognized by the Corporation.
　「譲渡制限に違反した普通株式の、適正と称する譲渡は無効とする。もし、譲渡制限にもかかわらず、何人かが譲渡制限に違反して普通株式の自称株主になるか、なろうとしても（「自称株主」）、自称株主は普通株式に関するいかなる権利も取得せず（「制限株式」）、会社は自称株主への、適正と称する制限株式の譲渡を認めないものとする。」

㉜　**reasonably/unreasonably**：
　「理にかなって」「合理的に」「満足のいくように」「正当に」／
　「理にかなわない」「不合理に」「満足のいかない」「不当に」

　'reasonably' は「事が常識にかなっていて納得できる」といったニュアンスの言葉である。

　There is no fact known to the Company that could <u>reasonably</u> be <u>expected</u> to have a Material Adverse Effect.
　「会社の知る限り、重大な悪影響を与えることが、正当に予期されるような事実はない。」

　Licensee shall furnish to Licensor a list and description of all factories, warehouses and distribution facilities utilized by Licensee for all Products as well as any other relevant information <u>reasonably</u> <u>requested</u> by Licensor.
　「ライセンシーは、すべての商品に関してライセンシーによって使用されている工場、倉庫、および配送施設の一覧表と詳細説明、さらにライセンサーによって適切に要求されるその他の関係する情報を、提供しなければならない。」

'requested' よりもう少し強く要求できるなら 'required' 'demanded' といってもよい。

　The Borrower shall maintain and implement administrative and operating procedures <u>reasonably</u> <u>necessary</u> in the performance of its obligations hereunder.
　「借主は本契約下の義務を履行するのに、常識的に必要とされる管理、および運転手続を整備し、実践しなければならない。」

形容詞を修飾する場合も少なくない。

　As soon as <u>reasonably</u> <u>practicable</u> following the date of this Agreement
　「本契約日の後、合理的に実行可能になり次第」

　in form and substance <u>reasonably</u> <u>satisfactory</u> to the Company
　「会社に十分満足のいくような形式、および内容で」

'reasonably' の逆の 'unreasonably' もよく使われる。

　in a manner such as to not <u>unreasonably</u> <u>interfere with</u> the normal operation of the Group Companies
　「グループ会社の通常の操業を不合理に邪魔しないような方法で」

この規定は、会計監査のために会社に立ち入る権利があるのだが、その実行

の方法は不合理で、営業、操業の邪魔になってはならない、ということを定め
たものである。'interfere with' の代わりに 'disrupt' という言葉もよく見かける。
　次は、同意を要請されたときの定型句である。

consent will not be <u>unreasonably withheld</u>
「同意は不十分な理由で留保されてはならないものとする」

意味は「十分な理由なく同意を留保してはならない」ということである。

㉝　respectively：「各々」「それぞれ」

　しばしば複数のものと複数のものの対応関係を明らかにする意図で使われる
のだが、実際の場面では、法的文章らしく見えるだけで、わざわざ用いなくて
もよい場合が多い。

Unless expressly provided otherwise, all references to days, weeks,
months and quarters <u>mean</u> calendar days, weeks, months and quarters,
<u>respectively</u>.
「明文で異なって規定されている場合を除いて、日、週、月、および四半期は、
それぞれ暦通りの日、週、月、および四半期を意味する。」

The following words and expressions <u>shall</u> 〈→不要〉(unless otherwise
required by the context) have the meanings <u>respectively</u> assigned to them
below:
「次の言葉と語句は（文脈が異なる解釈を要求しない限り）以下でそれぞれに割
り当てられた意味を持つ：」

　最初の文は「日は暦日」「週は暦の週」等の対応、２番目の文は「ある言葉
にある意味」「ある語句にある意味」という対応を表すのだが、いずれも
'respectively' がなくても混乱するとは思えない。これに対して、合弁契約か
らとられた次の例では、もし 'respectively' がなかったら、資本金の払込みは
HTB と RPP が連帯して、または共同で行わなければならない、と解釈される

おそれもなくはないともいえるが、現実に合弁契約でそんなことはありえず、
当事者に誤解はあるまい。

> The capital contribution shall be fully <u>paid up</u> by HTB and RPP
> <u>respectively</u> in one time within 15 Business Days after the issuance of the
> Business License.
> 「資本金の払込みは、営業許可が発行されてから15営業日以内に、HTB と
> RPP のそれぞれによって、1 回で全額行われるものとする。」

　次の 3 つの文は似通った構文であるが、最初の例は 'each of' で始まってい
るため、表明、保証行為は 1 社ずつについていわれていることになり、
'respectively' がなくても誤解の余地はない。とはいえ表明、保証は各当事者
が自分自身についてだけすることなので、そのことがわかるように工夫するの
は、悪いことではない。

> Each of the Sellers <u>respectively</u> <u>represents</u> and <u>warrants</u> to the
> Purchaser that as of the date hereof and the Closing Date:
> 「各々の売主は本契約日とクロージング日において、それぞれ以下のように表
> 明、かつ保証する：」

　次の例は 'respectively' がなかったら、文章上は、会社、マネージャー、お
よび LUA が 3 者で連帯して承認すると誤解されるかもしれない（もっとも次に
'each' があるので、その心配はほぼ消失する）。

> The Company, the Manager and LUA <u>respectively</u> <u>acknowledge</u> that,
> in entering into this Agreement, each does not do so on the basis of, and
> does not rely on, any representation, warranty or other provision.
> 「会社、マネージャー、および LUA は各々、契約するにあたって、各人はい
> かなる表明、保証、または他の契約条件に基づいて、またはこれに信頼して契
> 約当事者となるものではないことをそれぞれ承認する。」

　1 つ前の例のように文頭に 'each of' を使って、以下に書き直したようにし

ておけばよかった。

Each of the Company, the Manager and LUA acknowledges that, in entering into this Agreement, it does not do so …

次の例は直前の例と同じような出だしになっているが、当事者 A は A レポート、当事者 B は B レポートを提出する前提だろうから、'respectively' はなくても問題ない。

> Party A and Party B shall respectively deliver the Party A Reports and Party B Reports, in each case as more fully described in and at the times set forth in more detail on Exhibit 7（e）.
> 「当事者 A と当事者 B は各々当事者 A レポート、当事者 B レポートを、いずれも付表 7（e）に詳細に述べてあるとおりに、かつそこで定められた日に引き渡さなければならない。」

㉞　separately：「分離して」

特に法律文書的語彙というわけではない。

> books and records shall be maintained separately from Licensee's documentation
> 「帳簿と記録は、ライセンシーの書類とは別に保管されるものとする」

> Disputes shall be resolved separately pursuant to Section 11 of this Agreement.
> 「紛争は本契約11条に従って、別途解決するものとする。」

㉟　simultaneously：「同時に」

とりわけ契約書的語彙だというわけではない。

> JAX has established a trust account containing the proceeds of its initial

public offering（the"IPO"）and from certain private placements <u>occurring</u> <u>simultaneously</u> with the IPO.
　「JAX は自らの株式公開（「IPO」）と、IPO と同時に行われた私募からの金銭を受け入れた信託勘定を開設した。」

　Contractor shall advise Customer immediately, should the Vessel fail any inspection. Contractor shall <u>simultaneously</u> <u>advise</u> Customer of its proposed course of action to remedy the defects.
　「もし船舶が検査に通らなかったら、請負人は直ちに顧客に通知しなければならない。請負人は欠陥を正すためにとろうとしている方策についても、同時に顧客に通知しなければならない。」

　All documents to be executed by all Parties at the Closing <u>will be</u> 〈→ are〉 deemed to have been <u>executed</u> <u>simultaneously</u>.
　「クロージング日にすべての当事者に署名されるべきすべての書類は、同時に署名されたものとみなされる。」

㊱　solely：「専ら」「他の人、モノの関与なく、1人、または1つで」

　The proprietary rights therein and goodwill associated therewith are <u>solely</u> <u>owned</u> by and <u>belong</u> to Licensor.
　「それに関する排他的権利とそれに伴う暖簾は、専らライセンサーに保持され、これに属する。」

　RELV <u>shall be</u> 〈→ is〉 <u>solely</u> <u>responsible</u> for the provision of the RELV Equipment for the Service.
　「RELV は役務のための RELV 機器の供給に、単独で責任を負う。」

　Any Confidential Information shall be used <u>solely</u> <u>in connection with</u> furtherance of the business relationship with disclosing Party.
　「すべての機密情報は、開示する当事者との営業関係を伸張することに関してのみ使用されるものとする。」

ここでは指示の 'shall' が使われているが、見方によれば許可の 'may' でもよい。その場合は「使用することができる」ということになる。

㊲ specifically：「特記して」「はっきりと」

上記のほかに法律、規定などが「あることを特定して」「まさにそのことを目的に」作られる、といった場合にも使われる。その場合、'specifically for ＋目的' 'specifically to ＋動詞' という形で使われることも多い。「……だけのために」と考えればわかりやすい。

以下の３つは「特記して」などの意味の用例である。

> The Labels must be used only on the Products in the Product categories as specifically set forth in Paragraph 5.
> 「ラベルは５項に特記された商品カテゴリーの商品にのみ使用しなければならない。」

> Men's casual fashion apparel, such as t-shirts, polo shirts, dress shirts, sweaters …, but specifically excluding socks, underwear, and sleepwear
> 「Ｔシャツ、ポロシャツ、ドレスシャツ、セーター……、ただし特記して、ソックス、下着、および寝間着を除く、紳士物のカジュアルなアパレル」

次の規定はライセンス契約で、ライセンシーが作った製品を、承認を受ける目的でライセンサーに渡したときに、ライセンサーが何もしなかったということだけでは、自動的に承認された（'approval by default'）ことにはならない、ということに明確に合意した、というものである。

> It is specifically agreed by Licensee that there shall be no approval by default.
> 「ライセンシーは〔ライセンサーが〕何もしないことは承認を意味することにならない、ということにはっきりと合意する。」

このように合意事項を書く場合に、'it is agreed …' とすることが時々あるが、

義務者を主語にして、かつ能動態で書くことができるときは、そのようにする
方がよい。

Licensee <u>specifically</u> <u>agrees</u> that there shall be no approval by default.

次の諸例は「あることを特定して」などの意味の用例である。最初の例は商
業化のためのライセンス契約の中の条項である。

All Products supplied for a country after Regulatory Approval in such
country will be considered to be for commercial use, unless used
<u>specifically for</u> Clinical Trials under the Development Plan.
「ある国でその国の当局の承認が得られた後に供給される商品はすべて、開発
計画の下で臨床トライアル向けだけに使われない限り、商業目的に供するとみ
なされるものとする。」

次の例はある国の契約法についての記述である。

The minor party cannot ratify the contract upon attaining majority
unless a law <u>specifically</u> <u>allows</u> this.
「何らかの法律が特に許すのでない限り、未成年は成年になった後に契約を追
認することができない。」

契約書中の例を 2 つ挙げておく。

A delay in, or prevention of, performance of obligations resulting from
the failure of a subcontractor engaged <u>specifically</u> <u>to provide</u> goods and
services for this Agreement may only be claimed as a Force Majeure if
the cause of the subcontractor's failure to perform <u>was</u> 〈→ is〉 beyond
the subcontractor's reasonable control.
「本契約に対して動産と役務を提供するだけのために、雇われた下請人の不履
行に起因する義務の履行の遅延、またはその履行の不能は、下請人の不履行の
原因が、下請人の合理的支配を超えている場合にのみ、不可抗力によるものと
主張することができる。」

"Technology Transfer" means the transfer by MDA of Know-How related to MDA's Process or Product to LNZ for the Manufacture of the Product specifically for MDA.

「『技術移転』とは、LNZ が MDA のために商品を製造する目的で、MDA が LNZ に MDA のプロセス、または商品に関するノウハウを移転することをいう。」

㊳　strictly：「厳格に」「完全に」

Licensee shall use the Brands as permitted under this Agreement in each jurisdiction strictly in accordance with the legal requirements in such jurisdiction.

「ライセンシーは、本契約で許与されているブランドを、各国、地域で同地の法律要件に厳格に合致して使用しなければならない。」

We agree to disclose the information only to those Representatives, who are informed by us of the strictly confidential nature of the information.

「我々は、情報は厳秘を必要とするものである、ということを告げた代表にのみ、情報を開示することに合意する。」

It is important that both the existence of this Program and your participation be kept strictly confidential.

「このプログラムの存在と貴職の参加を、厳格に秘密にしておくことが肝要である。」

'enforce' などに付いて使われると、「遵守しなければ、罰則を伴うような厳しさで」といった含みを持つ。

Party A shall strictly enforce the labor quota standards and shall not force Party B to work overtime directly or indirectly.

「当事者 A は労働割当基準を厳格に実行し、当事者 B に、直接、間接を問わず、

超過勤務を強いてはならない。」

　もっとも契約関係で使われるときは、罰則というより、「生半可に扱うと権利の消滅になりかねない、ということをわきまえつつ、きちんと」といった感じになる。

　No course of dealing or failing of either Party to strictly enforce any term, right or condition of this Agreement in any instance shall be construed as a general waiver or relinquishment of such term, right or condition.
　「いかなる取引の経過、またはいずれかの当事者がいかなる場合においても、本契約の何らかの条項、権利、または条件を厳格に強行しないことは、そのような条項、権利、または条件の一般的な放棄、または譲渡と解されてはならないものとする。」

㊟　subsequently：「その後に」

　'previously' の反対語に当たる。基準時点は契約締結後の将来のある時点である。

　Payment of or receipt of the undisputed amount does not preclude recovery of any or the entire amount paid if it is subsequently determined that a dispute exists as to the paid portion.
　「争いのない金額の支払、または受領も、支払った部分について後に意見の相違があるとされた場合に、その一部、または全部の回復を妨げるものではない。」

　上例では争いのない金額を支払った、または受領した時を基点として、その後のことをいっている。

　It shall not prevent the party who has given the waiver from subsequently relying on the right or remedy in other circumstances.
　「〔権利の放棄は、〕権利を放棄した当事者が、その後に他の状況下で当該権利、

救済に拠ることを妨げるものではない。」

　If this ETA <u>subsequently changes</u> by more than six（6）hours, the master shall promptly give notice of the corrected ETA to the Seller.
　「もし、この本船到着予定時刻がその後に6時間を超えてずれたときは、船長は速やかに訂正到着予定時刻を売主に通知しなければならない。」

　The Indemnifying Party <u>shall not be</u> 〈→ is not〉 liable to the Indemnified Party for any legal or other expenses <u>subsequently incurred</u> by the Indemnified Party.
　「補償当事者は、その後に被補償当事者にかかった法務、またはその他の費用については責任がない。」

---

⑩　substantially：「実質的に」

　簡単にいえば「大きく」ということである。そこでいわれていることの程度が高い、ということを意味する訳語が必要である。例えば、形容詞であるが‘substantial breach’といえば、「重大な契約違反」ということになる。「実質的な違反」とも訳せる。かなり大きいことは確かだが、3割程度でよいのか、半分か、8割以上かは内容によって異なる。
　例えば信用状取引における呈示書類の一致の場合は、ほとんどの条件を満たしていて初めてそういえるだろう。

　so long as the presented documents <u>substantially comply with</u> the terms of the Letter of Credit
　「呈示された書類が信用状の条件を実質的に充足している限り」

　If the Company brings a legal proceeding, and the Company <u>substantially prevails</u> in such legal proceeding, You shall be responsible for reimbursing the Company for its litigation expenses.
　「もし会社が法的措置をとって、その手続で実質的に勝訴した場合は、貴職は会社の訴訟費用を補償しなければならない。」

　このように訴訟であれば「実質的勝訴」とは、「会社側の主張する重要な争点については、自身に有利な判決を得た」ことを意味するだろう。

　　If a remedial course of action is agreed, the Borrower shall provide to the Lenders a copy of its remedial plan（which shall〈→不要〉substantially reflect〈→ reflects〉the discussions between the Borrower and the Lenders）to resolve such adverse consequences.
　「救済案が合意されたら、借主は貸主に宛ててそのような不利な結果を、どのように解決するかの案（案は借主と貸主の協議を十分に反映したもの）のコピーを渡さなければならない。」

この言葉は動詞以外を修飾することも多い。

　　an amendment to the Letter substantially in the form of Exhibit C hereto
　「大体において添付書類 C の書式に従った書状に対する修正」

　　Either party shall be entitled to〈→ may〉terminate this Agreement immediately if all or substantially all of the equity interests, properties or assets of the other party is sold or seized.
　「他の当事者の株式、財産、または資産のすべて、またはほぼすべてが売却、または差し押さえられた場合は、いずれの当事者も本契約を直ちに解除することができる。」

　　WT shall pay Executive $265,000 in substantially equal installments in accordance with WT's then effective payroll practices over 12 months.
　「WT はその時有効な給与支払基準に従って、12か月にわたって、役員に26万５千ドルをほぼ均等な分割払いによって支払わなければならない。」

ほかに、'identical' 'equivalent' 'similar' 等といった言葉も修飾する。

㊶ timely：「適時に」「支払日に」

　普通の用法では「タイムリー」といえば、「ここ一番というときに」を意味するが、法律文書ではもう少し「なすべき時に」という側面が強く、履行期、弁済期といったことに焦点を当てて、「適時に」「支払日に」といったことを表すのに使われる。

　Failure to <u>timely</u> <u>file</u> the demand for arbitration as ordered by the court <u>will result</u> 〈→ results〉 in that party's right to demand arbitration being automatically terminated.
　「裁判所の命令した日までにきちんと仲裁申立てをしなかった場合は、その当事者の仲裁を申し立てる権利は、自動的に消滅する。」

　In the event of a dispute arising under or related to an invoice, the Party disputing that amount shall <u>timely</u> <u>pay</u> any undisputed amount of the invoice.
　「請求書に関連して意見の相違が発生したときは、その金額を争おうとする当事者は、請求書の金額の内、意見の相違のない部分については期日に支払わなければならない。」

　次の例文はいかにも英語的である。'has not timely selected'（if 節で 'shall' を使う必要はない）と考えればわかりやすい。

　If Borrower <u>shall have</u> 〈→ has〉 <u>timely</u> <u>failed</u> to select a new Interest Period, Borrower <u>shall be</u> 〈→ is〉 deemed to have elected to continue the Interest Period for one month.
　「もし借主が新しい利息期間を期日までに選択しなかった場合は、借主は 1 か月の利息期間の継続を選択したものとみなされる。」

　「利息期間」とは借入れをするときに、金利率を決めるために設定する期間で、1 か月、3 か月、6 か月等があり、次の利息期間が始まるすぐ前に、借主

がその長さを選ぶ。貸主はそれに応じて資金調達をする。ここではもし適時に選択しなかったら、既存の 1 か月で続けていくというものである。

'timely' は形容詞としても使われる。

Party A shall in a <u>timely</u> <u>manner</u> make available, all documentation, information and records in respect of the matters covered by this Deed.

「当事者 A は本証書に記載された事項に関する、すべての書類、情報、および記録を適時に提供しなければならない。」

During any period of negotiation, the Buyer shall not delay in the <u>timely</u> <u>fulfilment</u> of other obligation hereunder.

「交渉期間中も、買主は本契約下の他の義務の、適時の履行を遅延してはならない。」

in default of such proper and <u>timely</u> <u>payment</u>

「そのような適切、かつ支払日どおりの支払を怠った場合は」

㊷ unanimously：「全員一致で」

The Board of Directors <u>unanimously</u> has <u>determined</u> that this Agreement and the transactions contemplated hereby are advisable.

「取締役会は全員一致で、本契約、およびそのもとで想定されている取引は、推奨することができると決定した。」

Unless otherwise <u>unanimously</u> <u>agreed</u> by the arbitrators, the venue of the arbitration <u>shall be</u> ⟨→ is⟩ New York.

「仲裁人の全員一致の合意がない限り、仲裁地はニューヨークとする。」

there not having been, in the opinion of the Coordinators <u>acting</u> <u>unanimously</u>, reasonably and in good faith, any Material Adverse Effect since the date of this Agreement;

「調整委員の全員一致、合理的、かつ善意に基づく意見によれば、本契約の締

結日以後、いかなる重大な悪影響に相当するような事象も発生していない；」

㊸ validly：「有効に」「適法に」

The 10,000（ten thousand）shares, representing the whole share capital of the Company, are represented so that the meeting <u>can</u>〈→ may〉<u>validly decide</u> on all the items of the agenda.

「会社の全資本を代表する 1 万株の株主が出席しているので、総会では議案に記載されたすべての事項が、有効に議決されうる。」

最初の 'representing' は、1 万株が全株式に当たることをいっている。2 番目の 'represented' は「出席している」と訳したが、出席は本人と委任状による代理出席のいずれをも意味しうる。

This Agreement has been duly and <u>validly</u> <u>executed</u> by the Company.
「本契約は正当に、かつ適法に会社によって締結された。」

Security interest was <u>validly</u> <u>created</u> and is assignable by the Seller.
「担保は適法に設定され、売主はこれを譲渡できる。」

第5章

仮定したり、条件設定をする表現

　契約書には仮定したり、何かの場合を想定した定めが多く出てくる。また条件設定をすることもある。本章ではそのような場合に使われる代表的な表現を集めて、どのように書けば正しく意図を伝えられるかを考えてみたい。

1．仮定の表現

　契約書は基本的には原則を述べる書類であるが、一定の偶発事由の発生を想定して、起こってほしくはないが、万一起こってしまったらどうするかを規定する条項を設けてある。このときに使われるのが、'if' などを使った文章である。
　仮定の場合のことを表す表現については、専門家の間でも意見の相違があり、理論と現実の間にも乖離がある。また正式で堅苦しい、または文学的で高雅な構文と、普通の文章の場合でも差がある。さらに、法律の文章と一般の文章の違いもある。一致した見解を見つけるのは容易ではない。以下で述べることは決して仮定文全般に関することではなく、あくまで契約書を読み書きするために必要なことだけである。

2．契約書における if の文法的着眼点

　契約書では過去のことに関する仮定（「もし過去のある時に……をしていたとしたら、……であったであろう」）をすることはない。また現在でも全く事実に反する仮定をすることもない。'if' が出てくるのはそれ以外の場合であって現在か、未来に向かった仮定である。このようなことを仮定法を使って表現する場合に使われるのは、仮定法現在である。現実の使われ方、どのように使えばよいかを考える前に、まず原則から見ておこう。仮定法現在は、'if' などに導かれた従節[1]（条件節）と、結果を述べる主節（結果節）からなる。この場合 if 節の動詞は、人称、数を問わず原形のままで使われる。
　そのほかに未来の出来事については if 節に 'should' または 'were to' を用いることもある。これは実現の可能性が非常に低い場合、「万一……ならば」といった意味で使われる。文法書で「将来起こりそうもないことの仮定」といわ

1　副詞節とも呼ばれる。

れている。

　次の4つはそれぞれの実例である。

　　If it be considered that at any time prior to Completion any representation or warranty on the part of the Operator was or is materially incorrect, the Asset Purchaser may by notice in writing to the Operator terminate this Agreement.

　　「もし、コンプリーションに先立って、オペレーターの表明、または保証に重大な誤りがあった、またはあると思われる場合は、資産の買主はオペレーターに書面を送って、本契約を終了させることができる。」

　　At the expiration of this lease, the Landlord may remove any personal property then upon the leased premises and sell such property at public or private sale, or, if it be unsalable, may dispose of it in any other manner, without liability.

　　「本賃貸借契約が終了した際は、貸主は、その時賃貸借物件内にある私有動産を撤去し、公売、または私売によって売却することができ、また売却ができない場合は、何らの責任を負うこともなく、他のいかなる方法で処分してもよい。」

　　If any provision of this Agreement should be adjudged by a court to be void or unenforceable, the invalidity of that provision shall in no way affect the application of such provision under circumstances different from those adjudicated by the court.

　　「もし本契約のいずれかの条項が、裁判所によって無効、または強行不能とされた場合でも、当該条項の無効性は同条項の、裁判所によって判断されたと異なる状況への適用には、いかなる影響も与えないものとする。」

　　If the Company were to breach this Release, this Release would not bar an action by Executive against the Company to enforce its term(s) or any applicable law.

　　もし会社がこの権利放棄合意書に違反した場合は、本権利放棄合意書は、執行役が会社に対してこの権利放棄合意書、または適用される法律〔上の権利〕

を訴訟によって行使することを妨げるものではない。

　しかしながら契約書中で、このような教科書に書いたような仮定法が使われる例は、現代では非常に稀である。一般的に仮定法現在や未来に関する仮定は、仮定したようなことが起こるかどうかが、かなり不確実な場合に使われる。

　それに対して契約書における仮定は、起こってほしいわけではないが、起こるかもしれないし、起こらないかもしれないことを、もし起こったらと想定して述べるものである。つまり仮定といっても、いわば淡々と「火事になった場合の対応は」というような感じで述べているのである。そのような「起こるかもしれないが、起こらないでいてくれた方がありがたい」程度のことをいう場合には、現代では if 節の動詞は直説法現在の形が使われる。上例であれば 'is' 'breaches' が使われる。また主節の動詞も現在形でよい。主節に助動詞が使われるときは、そこでの助動詞は普通の用法に従って使われる。

　一言でいえば、契約書で何かを仮定する場合に使われる構文は仮定法というより、形態的には直説法なのである。

　　If one provision of this Agreement <u>is</u> legally ineffective, the other provisions <u>are</u> not affected by it.
　　「もし本契約のいずれかの規定が法的に効力を持たない場合といえども、他の条項はその条項の影響を受けない。」

　　If there <u>is</u> a conflict between this provision and any provision of the Related Agreements, this provision <u>shall</u> govern.
　　「もし本条と関係契約書のいずれかの条文の間に相違があった場合は、本条が適用されるものとする。」

　　If an answer <u>is</u> not delivered by the required deadline, the arbitrator <u>must</u> provide written notice to the defaulting party stating that the arbitrator <u>will</u> enter a default award against such party <u>if</u> such party <u>does</u> not file an answer within five (5) calendar days of receipt of such notice.
　　「もし答弁が定められた期日までに提出されない場合は、仲裁人は懈怠をした

当事者に、もし通知の受領から 5 暦日以内にその者が答弁書を出さない場合は、その者に対して、欠席のまま判断をする旨を述べた通知を出さなければならない。」

さらに、次の 2 例のように if 節に 'shall' が使われている実例が少なくない。歴史的にはこのような用法もあったが、現在では 'shall' を使う必要はない。動詞の直説法現在の形で十分であって、それぞれ 'makes' 'have been changed' とすればよい。

If any Issuing Bank <u>shall</u> make any LC Disbursement in respect of a Letter of Credit, the Company <u>shall</u> reimburse such LC Disbursement by paying to the Administrative Agent in Dollars the Dollar Amount equal to such LC Disbursement.

「もしいずれかの発行銀行が信用状について、信用状決済を行ったときは、会社は当該信用状決済〔額〕に等しいドル額を、管理エージェントにドルで支払うことによって、当該信用状決済〔額〕を返済しなければならない。」

<u>If</u> between the date of this Agreement and the Closing, the outstanding shares of Common Stock <u>shall</u> have been changed into a different number of shares by reason of split, then any number contained herein <u>will</u> be appropriately adjusted.

「もし本契約日とクロージング日の間に、発行済株式数が分割のために変更した場合は、本契約に記載ある株数は、適宜調整されるものとする。」

ところで現在および未来のことに関して、ありそうもないこと、実現可能性のないこと、事実に反する仮定をするときには、if 節の中で動詞、または助動詞の過去形を使い、主節の中では助動詞の過去形を使うとされている。これは仮定法過去と呼ばれる。しかし契約書では上にも述べたように、起こってほしくはないが、現実に起こらなくもないことを仮定することはあっても、「太陽が西から昇ったら」といったように、起こる可能性がないことを仮定することはないので、このような構文を使う必要は基本的にはない。

ただし 'as if' として、事実と異なることを擬制するような場合の例はある。

次の例は保証状で、本来は主たる債務者ではない保証人に、それと同じ責任を
負わせるための規定である。

As between the Guarantor and each Holder, the Guarantor <u>will be</u>
〈→ <u>is</u>〉 liable under this Deed <u>as if</u> it <u>were</u> the sole principal debtor and
not merely a surety.
　「保証人と各保有者〔債権者〕の間では、保証人は自らが唯一の主たる債務者
であって、単なる保証人ではないかのごとく、本証書上の責任を負わなければ
ならない。」

　次も同じように擬制するものである。一堂に集まって同じ書類に署名するこ
とに代えて、PDF やファックスによる署名をした場合の興味深い規定である。

All parties hereto agree that a pdf or faxed signature page <u>may</u> be
introduced into evidence in any proceeding arising out of or related to
this Agreement <u>as if</u> it <u>were</u> an original signature page.
　「全当事者は本契約から発生する、またはそれに関する訴訟手続において、
PDF、またはファックスの署名ページも、あたかも署名ページの正本であるか
のごとく、証拠として提出しうることに合意する。」

3．現実の契約書中の仮定文言

　契約書というものは基本的には何かに合意して、それを前向きに実行してい
く過程を取り決めたものなので、偶発的なことが出てくるとしたら、どちらか
といえば後ろ向きな、望ましくないことの場合が多い。しかしそのような場合
にこそ、どう対処すべきかを書いてあることが、重要なのである。そのために
'if' を使った規定が作られる。なお以下の例文における if 節中の動詞はすべて、
2．に述べたように直説法現在の形をとっており、これが現代の一般的な姿で
ある。主節には助動詞が使われることが多いが、その用法はすでに述べたとこ
ろによればよい。
　最初の例の不可抗力は、起こってほしくないことの典型例の1つである。

If any Party is unable to comply with any obligation or condition provided herein due to Force Majeure, it shall notify the other Parties in writing as soon as possible.

「もしいずれかの当事者が不可抗力のために本契約に規定された義務等を履行できなくなった場合は、当該当事者は速やかに書面で他の当事者に通知しなければならない。」

次の例では、契約の定めに従って、機械を取り外すことになったにもかかわらず、顧客がそれをしなかった場合のことを規定している。契約違反の場合の処置である。これも起こってほしい現象とはいえない。

If and to the extent Client fails to remove the Machines within such one month period, HIM may uninstall the Machines and transfer them to storage.

「もし顧客が機械を当該 1 か月間に除去しないときは、そしてその範囲で、HIM は自ら機械を取り外して、倉庫に搬入することができる。」

次の例は、ロイヤルティーの外貨による送金が妨げられた場合の規定である。これも緊急事態、偶発事由である。

If legal restrictions prevent the prompt remittance of the royalties with respect to any country where Licensed Products are sold, Licensee shall have the right and option to 〈→ may〉 make such payments by depositing the amount thereof in local currency to Licensor's accounts in a bank in such country.

「もし法的制限によって、ライセンス商品が販売されている国からの、ロイヤルティーの迅速な送金が妨げられた場合は、ライセンシーは当該国にあるライセンサーの銀行口座に、現地通貨で支払を預託することによって、支払を行う権利を有する。」

時には、中庸、中立的な出来事に関する規定である場合もある。次の例では建設契約で、拡張計画に進むときのことを規定している。拡張することはプロ

ジェクトにとって、むしろ好ましいことであるかもしれない。ただ大事なこと
は、拡張計画の履行は契約上、最初から権利・義務の目的とされていたのでは
なく、「もし」そうなったらという出来事だということである。

If the Contractor <u>elects</u> to enter the First Extension Period, the
Contractor <u>must</u> perform technical work on geological and geophysical
studies and surveys.
　「請負人が第1拡張期間に入る選択をする場合は、請負人は地質上と地球物理
学上の技術的作業を行わなければならない。」

　次の例は医療器械の開発・製造をする会社と、その器械を販売する会社の間
の開発供給契約である。ここでは製造者がその資産を何らかの理由で売却しよ
うとするときは、販売会社に先買権（'right of first refusal'）を与えようとしてい
る。いずれの当事者にとっても不利益ではないが、最初からそういうことが計
画の内に含まれていたわけではないだろう。

If Manufacturer <u>desires</u> to transfer the Assets to any third party,
Manufacturer <u>will</u> first give Distributor the opportunity to acquire the
Assets on terms equivalent to those offered to the third party.
　「もし製造者が第三者への資産の売却を欲するときは、製造者は、第三者に対
すると同等の条件で取得資産をする先買権を、販売代理店に対して与えなけれ
ばならない。」

　次に出てくるのは賃貸借契約である。賃借人はこの前に置かれた条項で、1
回だけ当初期間を超えて賃借期間を延長するオプションを与えられている。こ
れは想定内のことだから、'if' といっても消極的でも、偶発的でもない。

If the Lessee <u>exercises</u> its option to extend, then all of the terms and
conditions of this Lease <u>shall remain</u> 〈→ <u>remain</u>〉in effect throughout
such extension period.
　「もし賃借人が延長するオプションを行使した場合は、本賃貸借契約の諸条件
が延長期間にわたって、同等に適用される。」

4．仮定を表す unless

　'unless' は「もし……でない限り（'if … not'）」「……によるのでない限り（'except if'）」の意味で、条件節を作るのに使われる。文頭にくる場合もあるが、文の後半に付くことも多い。この場合も動詞は直説法現在と同じ形でよい。'unless' はしばしば主語と be 動詞を省略して使われることがある（以下の 2 例目と 4 例目）[2]。

　Unless the parties consent in writing to a lesser number, the arbitration proceedings shall be conducted before a panel of three arbitrators.
　「両当事者が書面で、より少ない人数に合意しない限り、仲裁手続は 3 人の仲裁人によって行われる。」

　Unless expressly authorized by Party A, Party B does not have any right or interest in Party A's intellectual property rights.
　「当事者 A が明確に合意しない限り、当事者 B は当事者 A の知的財産権について、いかなる権利も持たない。」

　No variation to this Agreement shall be effective unless it is made in writing and signed by the duly authorised representatives of both parties.
　「この契約に対する変更は、両当事者の正当な代理人に署名された書面によるのでない限り、効力を持たないものとする。」

　This Agreement shall commence 〈→ commences〉 on the Effective Date and shall remain 〈 → remains〉 in effect until the expiration of the Licensee's obligation to pay royalties, unless earlier terminated as provided in this Article 9.

2　同様のことは 'if' でもみられる。'if possible' 'if required' 'if applicable' 'if true in all respects' など。

> 「本契約は発効日に始まり、本9条に定められたところに従って、期前に解除
> されない限り、ライセンシーのロイヤルティー支払義務の満了まで、有効に存
> 続する。」

5．unless を使った決まり文句

(1)　unless otherwise

'unless otherwise …' は「異なる……がない限り」という意味で、特別に何
かが起こらない限り原則どおりに、という場合に定型的に使われる。

> <u>Unless otherwise</u> agreed, DGL <u>shall</u> be deemed as an acceptable
> Classification Society for the Parties.
> 「異なる合意がない限り、DGL は当事者にとって合意できる船級協会である
> とみなす。」

上の例では、「他の船級協会にする」という（契約の定めと異なる）合意がない
限り、ということになる。

なおここで 'deem' という語が使われているが、この語は「そうではないも
のを、そうであるということにする」「そうであるかどうかわからないけれど
も、そうだということにする」という意味である。前者の例は、日本に「住
所」を有しない者について、日本の「居所」を住所とみなす、わが国の民法23
条2項のような全くの擬制の場合である。一方、郵便で出した通知は、投函後
何日目に到達したものとみなす、といった「みなし到達」のような定めは後者
である。通知が現実に到達したかどうかはわからないが、とにかく到達したも
のとみなす、ということである。

では本件ではどうであろう。DGL は本来は受け入れられないのだが仕方が
ない、というなら原文でもよい。しかし DGL を含めてほかにも受け入れ可能
な船級協会は複数あるが、選定手続が間に合わないから、今回は DGL にして
おこうというのなら、'deemed as' を削除して 'shall be <u>an</u> acceptable …' とい
ってよい。

次の例は当事者が（付表A には何も書いていないにもかかわらず）「有料だ」とい

う合意をしない限り、という意味になる。

If no charges are set forth on Schedule A, then the applicable Services shall be provided free of cost, unless otherwise agreed to in writing by the parties.

「付表 A に手数料の記載がなければ、両当事者の書面による合意がない限り、当該役務は無料で提供されなければならないものとする。」

Unless otherwise stated, each of the Warranties applies as at the date of this Agreement and is repeated at Completion by reference to the facts then existing.

「異なって規定されていない限り、保証のそれぞれは本契約日について適用があるほか、コンプリーションの日にもそれぞれの保証事項について、その日の事実に照らして繰り返しなされる。」

そのほかに次のような動詞とも一緒に出てくる。

unless otherwise provided for in the below Clause 41
「下の41条に異なって定められていない限り」

unless otherwise specifically permitted under the insurance policies
「保険証券中で特記して許されているのでない限り」

(2) unless and until

'unless' を、「……時まで」「……ということが起こるまで」を意味する 'until' と一緒に使うことがある。'unless' は仮定の文章を作る語なので、if 節と同じくその節の中に 'shall' は使わない。

If this Agreement is executed in counterparts, it shall not be 〈 〉is not〉 effective unless and until each party has executed and delivered a counterpart to the other party.

「もし本契約に複数の正本がある場合、契約は、各当事者が正本に署名し、こ

れを相手方に引き渡さない限り、そして引き渡すまでは有効ではない。」

　No termination pursuant to this Clause <u>shall be</u> 〈→ <u>is</u>〉 effective <u>unless</u> <u>and until</u> a final judgment <u>shall have</u> 〈→ <u>has</u>〉 been issued declaring such termination to be valid.

　「本条に基づくいかなる解除も、解除を有効とする終局判決が出されない限り、そしてそうなるまでは有効ではない。」

　No Purchase Order <u>shall be</u> 〈→ <u>is</u>〉 binding on Seller <u>unless and until</u> Seller <u>sends</u> a written acknowledgement to Buyer confirming Seller's acceptance of the Purchase Order.

　「いかなる買い注文も、売主が買い注文を承諾する旨の確認の書面を買主に送付しない限り、そして送付するまでは売主を拘束しない。」

　確かに時間軸が関係していて、「それまでは」ということをいうために、'until' を付け加えたくなるのはわかる。しかし 'unless and until' 以下の部分は停止条件として働いており、そのことが成就すれば、条項の意図したことは達成される、つまり条件設定なので、'unless' だけでよい。

　もっとも上の諸例では 'until' だけでも意味はわかる。ただ、'unless' の方が条件設定には適しているので、どちらか 1 つを使うなら、契約書としては 'unless' がよいと思われる。

6．仮定するその他の表現

(1)　in the event

　'in the event of …' 'in the event that …' も、もし何かが起こったらという意味でよく使われる。'if' と同じ意味で使える。'in the event that …' は、可能なら字数を減らすために 'if' を使うことが勧められる。

　次の 2 例では、何かが起こったら、それに応じて事態が変化する。

　<u>In the event of</u> any Inability to Supply, Supplier <u>shall</u> fulfill Purchase

Orders with such quantities of conforming Product as are available.
「もし供給不可能事由が発生したときは、供給者は手配可能な限りの、契約適合商品で購入注文を満たさなければならない。」

In the event that the Company does not issue share certificates, then the share ownership may be evidenced by a statement by the Company.
「会社が株券を発行しないときは、株主権は会社の計算書によって、証拠立てられうるものとする。」

次の2例は、何かが起こったとしても、変化はないという規定である。

In the event of any actual or prospective change in the organisation of a Party, this Contract will not be changed and shall continue ⟨→ will continue/continues⟩ in full force and effect.
「一方当事者の組織に変更があった、あるいは変更が予定されている場合といえども、本契約は変更されることなく、有効であり続ける。」

In the event a Dispute under this Section 1.3 is pending resolution by an Expert, each Party shall continue to fulfill its payment obligations to the other Party.
「本1.3条のもとでの紛争が、専門家による解決を待つ状態にあるときでも、各当事者は相手方に対する支払義務を、継続して果たさなければならない。」

(2) on condition that

'on condition that' は 'only if' という意味であるが、'if' がどちらかというと消極的な状況で使われるのに対して、この句は「それが満たされれば……する、できる」という前向きな場面で使われることが多いようである。動詞は直説法現在の形でよい。
　次の例は情報開示が要求された場合の規定である。開示は嬉しいことではないかもしれないが、もし条件が満たされたら、開示することができるという規定である。

　　If required pursuant to the rules of a recognized stock exchange, <u>on condition that</u>, before disclosing such Confidential Information, the Receiving Party promptly <u>notifies</u> the Disclosing Party of the required disclosure, the Receiving Party <u>may</u> disclose the Confidential Information.

　　「もし公認された証券取引所の規則に従って要求された場合は、機密情報の開示の前に、受領者が開示者に当該開示要求について速やかに通知することを条件に、受領者は機密情報を開示してもよい。」

　次の 2 例も、条件が満たされたら当事者にとっては、便宜になる定めである。

　　Each party <u>may</u> use Affiliates to perform its obligations under this Agreement <u>on condition that</u> the applicable party <u>remains</u> responsible for the performance of such obligations.

　　「いずれの当事者も、その当事者が義務の履行に責任を持つならば、本契約上の義務の履行にあたって、関係会社を使うことができる。」

　　The Bank <u>consents</u> to the registration of the Lender's Security at the Land Registry, <u>on condition that</u> the Lender <u>registers</u> this Deed at the same time.

　　「貸主が本証書も同時に登記することを条件に、銀行は土地登記所での貸主の抵当権の登記に同意する。」

7．条件を設定する表現

(1)　provided that, providing that

　「何かが起こるためには、何かが必要、条件である」という条件設定に 'provided that' や、それほど用例は多くないが 'providing that' が使われる。意味は 'if' あるいは 'if and only if …' である。これらの語句に率いられる節の中で使われる動詞は、この場合も直説法現在で使われる形と同じである。ただ 'provided that' や 'providing that' は色々な意味で乱用され過ぎているという

指摘も多く、条件であるなら 'on condition that' とすれば、なおわかりやすいことが少なくない。次の各例にもこのことが当てはまる。

　次の不可抗力に関する規定は、「履行遅延等の責任を免れるためには、通知が必要である」という条件設定の文である。

　A party <u>will not be</u> 〈→ <u>is</u> not〉 deemed to have materially breached this Agreement to the extent that performance of its obligations are delayed or prevented by reason of a Force Majeure Event; <u>provided that</u> the party whose performance is delayed or prevented promptly <u>notifies</u> the other party of the Force Majeure Event.

　「不可抗力事由によってその義務の履行を遅延したり、不履行をした当事者が、他の当事者に不可抗力事由について速やかに通知することを条件に、その当事者はその限りで、本契約の重大な違反を犯したとはみなされないものとする。」

次の規定も上の例と同じように考えることが可能である。

　Each party participating in the arbitration <u>shall have the obligation to</u> produce those documents, <u>providing always that</u> the documents <u>be</u> obtainable before the arbitration.

　「仲裁に参加する各当事者は、書類が仲裁前に入手できることを条件に、これらの書類を〔証拠として〕提出する義務を負う。」

「書類を提出することが義務であるのは、仲裁開始時点までに入手可能であることが条件である」という構成である。

　なおこの例で 'shall have the obligation to' は不要な繰返し、および重複である。'shall' か、'have the obligation to' または 'are obligated to' といえばよいが、短く 'shall' とするのが一番よいだろう。

　また 'providing that' に続く部分に動詞の原形 'be' が使われているが、これは仮定法現在の使い方として正しいが、今では直説法現在の形（'are'）で書けばよい。同じ部分に 'shall' を使う次のような例も見受けられるが、これは不要で、直説法現在の形（'is'）でよい。

Either party may after the Lock-Up Period, transfer part or all its Equity Interests to a Subsidiary of such Party, <u>provided that</u> such Party <u>shall</u> be jointly and severally liable with such Subsidiary towards the other Party under this Contract.

「いずれの当事者も、その子会社と連帯して他の当事者に対して本契約上の義務を負うことを条件として、禁止期間の後は、その持ち株の全部、または一部を自らの子会社に譲渡することができる。」

⑵　as long as, so long as

'as long as' 'so long as' も条件設定をするときに使える。この句には「……している間は」、'to the extent that' を意味する用法もあり、そのように考えた方がわかりやすい場合もあるが、英米の辞書ではむしろ最初に 'only if'、また条件を設定する 'provided that' という意味が出てくる。契約書でもその意味で使える。実例にこれらを当てはめて読むと納得がいく。ただし、以下では日本語としてわかりやすいように訳してあるものもある。従節中の動詞の形についてはすでに述べたところである。

<u>As long as</u> the Executive <u>serves</u> as the Chief Executive Officer of the Company, the Company <u>shall</u> cause the Executive to be nominated to serve on the Board.

「役員が会社の CEO である限り、会社は役員を取締役として指名しなければならない。」

The indemnification referred in Section 10.1 <u>includes</u> any expense for lawyers or agents incurred by the Indemnified Party for any defense from the proceeding or lawsuit filed, <u>as long as</u> they <u>are</u> reasonable and duly evidenced.

「10.1条に述べる補償は、合理的であって、かつ証拠書類が揃っていれば、被補償当事者によって法的手続、または訴訟の防御のために弁護士、または代理人に対して支出されたすべての費用を含む。」

<u>So long as</u> Purchaser <u>meets</u> the minimum purchase requirements to

maintain exclusive purchase rights under this Agreement, then Purchaser <u>may</u> use the word "exclusive" in its marketing and promotion.

　「買主が、本契約による独占購入権を維持するための最少購入量を満たしていれば、買主は販売、および拡販において「独占」〔「総」〕の言葉を使うことができる。」

　<u>So long as</u> this Agreement <u>remains</u> in effect, Borrower <u>will</u> promptly inform Lender in writing of all material adverse changes in Borrower's financial condition.

　「本契約が有効である限り、借主は借主の財政状態に重大な影響を与えるような変化について、迅速に貸主に書面で通知しなければならない。」

　Only <u>so long as</u> no Event of Default <u>has</u> occurred and <u>is</u> continuing, Borrower <u>may</u> pay cash dividends on its stock to its shareholders.

　「不履行事由が発生してもおらず、継続してもいないことを条件に、借主は株主に現金配当をすることができる。」

8．ただし書を導く表現──provided that, providing that

　'provided that' や 'providing that' は、常に7.(1)のように解釈することができるわけではない。次の規定はそのように訳したのでは当事者の意図を読み誤る。後半部分はただし書と解してのみ意味がとれる。

　The Borrowers agree to deliver to the Representative copies of any amendments to the Collateral Documents and any new Collateral Documents; <u>provided that</u> the failure to deliver copies <u>shall</u> 〈→ does〉 not affect the effectiveness and validity thereof.

　「借主は〔銀行の〕代理人に、すべての担保書類の修正、および新たな担保書類のコピーを引き渡すことに合意する、ただし、コピーを引き渡さなかったことは、それらの書類の効力と有効性に影響を与えるものではない。」

　'provided that' 以降は、前半部分の条件設定として書かれているわけではな

い。借主はコピーを引き渡さなければならないが、たまたまそれを怠ったから
といって書類の有効性には影響を与えないことを注記しただけである。引渡義
務と不履行の場合の効果とは切り離されている。

　次の例は原則を述べた上で、その例外的取扱いを追記するものである。例外
的取扱いのあることを条件として、初めて原則があるわけではない。やはり
‘provided that’ 以降はただし書としてしか読めない。

The Compliance Committee shall appoint an individual on the senior
management team of the Company（the"Compliance Officer"）who <u>will be</u>
〈→ is〉 responsible for the management and administration of the
Compliance Program; <u>provided that</u>, until the Compliance Committee
<u>shall have</u> 〈→ has〉 appointed a Compliance Officer, the chief executive
officer of the Company <u>shall</u> perform the duties of the Compliance
Officer.

　「コンプライアンス委員会は、コンプライアンス・プログラムの運営と管理に
責任を持つ者（「コンプライアンス・オフィサー」）1 人を会社の上級経営体に任命
しなければならない、ただしコンプライアンス委員会がコンプライアンス・オ
フィサーの任命を完了するまでは、会社の最高経営責任者がコンプライアンス・
オフィサーの職務を行う。」

　‘provided that’ や ‘providing that’ の乱用による読みにくさや、混乱を避け
るという見地からは、例外を定めるただし書の場合には、‘except that’ を使う
ことができる。

The Participant agrees to keep confidential the existence of any dispute
between the Participant and the Company, <u>except that</u> the Participant
may disclose information concerning such dispute to the Participant's
legal counsel（<u>provided that</u> such counsel agrees not to disclose any such
information other than as necessary to the prosecution or defense of such
dispute）.

　「参加者は、参加者と会社の間の紛争の存在については、これを秘密にするこ
とに合意する、ただし参加者は当該紛争に関する情報を、参加者の弁護士には

> 開示することができる（当該弁護士がその紛争の追求、または弁護のために必要な場合を除いて、当該情報を開示しないことに合意することを条件とする）。」

　かっこの中に 'provided that' が「条件」として使われている。'except that' の部分を「ただし」の意味で 'provided that' と書いたとしたら、同一文章中で同じ語句が異なる意味に使われていることになって、読み易さを妨げる。

9．「とき」と「時」——if と when の使い分け

　'if' は起こるか起こらないかわからない事柄を書くときに使う語である。

<u>If</u> it is raining this evening, I will not go out.

　雨が降るかどうかは、今はわからないからこう書く。「もし雨が降ったときは……」というわけである。しかし「とき」だからといって、'when' と互換性があるわけではない。上の文章を次のように言い換えることはできない。

<u>When</u> it is raining this evening, I will not go out.

　夕方に雨が降ることは、この会話の時点では不明なのだから、夕方と時を特定した上で、雨が降っていることを前提に話すことはできない。しかし次のようにはいえる。雨が降るという状態は、今の段階でいつとはいえないが、いつかは必ず起こるからである。

<u>When</u> it is raining outside, I will not go out.

　つまり、起こることはわかっているが、いつ起こるかが確定していない場合について、「起こった時」のことを書くには 'when' が使われるのである。

　法律文書でも使い分けは同じであるが、契約書に限っていうと、'if' は主にあまり好ましくない仮定・想定に使われるのに対して、'when' は、例えば継続的売買契約の下で「個別契約が成立した時」といったように、前向きの場合に使われる。

⑴　正しく使い分けられている例

　次の 2 例は 'when' が上の説明のように、正しく使われている例である。

This Agreement <u>shall</u> <u>become</u> 〈→ becomes〉 effective <u>when</u> it <u>shall</u> <u>have</u> 〈→ has〉 been executed by the Administrative Agent.

「本契約は、管理エージェントがサインした時点で効力を発する。」

<u>Whenever</u> in this Agreement any of the parties hereto is referred to, such reference <u>shall be deemed to include</u> 〈→ includes〉 the permitted successors and assigns of such party.

「本契約でいずれかの当事者に言及するときは、その言葉はいつでも当該当事者の許容された承継人、および譲受人を含む。」

いずれも起こることが前提となっているのだから、‘if’ とはいわない。なお「当事者」という言葉は許容された承継人、譲受人を含む扱いにするのだから、わざわざみなさなくても（‘deemed to include’）、含む（‘includes’）といってしまえばよい。

次の例は ‘if’ を使ったものである。‘if’ 以下で述べられている出来事は、起こってほしくないとはいえ、起こらないともいえないことで、それが不幸にして発生したら、と仮定していっている。‘if’ の正しい使い方である。なお動詞は直説法現在の形の ‘fails’ でよいのはすでに述べたとおりである。

Buyer <u>shall be entitled to</u> 〈 → may〉 resell the Product in the ordinary course of business provided that such liberty <u>shall be deemed</u> <u>automatically terminated</u> 〈→ automatically terminates〉 <u>if</u> Buyer <u>shall</u> <u>fail</u> 〈→ fails〉 to make any payment when it becomes due.

「買主は商品を通常の業務内で転売することができるが、その権利はもし買主がいかなる支払といえども、支払日にこれを怠ったら、自動的に終了するものとする。」

(2)　不適切な例

次の例は不可抗力の際の免責の規定である。不可抗力事由は起こってほしくないことだから、文頭の ‘when’ は不適切で、‘if’ とすべきである。訳は ‘if’ であったとの前提で「とき」としておく、2 つめの例も同じである。

<u>When</u> the performance of this Agreement is delayed or hindered due to the Force Majeure, the party affected <u>shall not be</u> 〈→ is not〉 liable for any of the obligations under this Agreement during the delay or hindrance.

「本契約の履行が不可抗力によって遅延させられたり、妨げられたりしたときは、影響を受けた当事者は、その遅延、または妨害の間は本契約の義務について責任を持たない。」

次も同じく不可抗力の場合の規定であるが、同じ理由で 'when' を使うべきではない。このままでは、あたかも「雨が降ったら体操の授業は中止します」と平然といっているがごとくである。

FORCE MAJEURE: Performance is excused <u>when</u> there is any contingency beyond the reasonable control of Customer which interferes with Customer's production, supply or transportation.

「不可抗力：顧客の合理的支配を超えた、顧客の製造、供給、および配送を妨げるような偶発事由が発生したときは、履行は免除される。」

次の例で、与信が不可能になるという事態は、通常の想定外なのだから、'if' というべきであろう。ただし顧客のクレジットリスクは経常的に上下する、という前提の取引なら 'when' もわからなくはない。

It is Credit Manager's responsibility to revoke credit limits <u>when</u> the credit risk is not acceptable.

「クレジットリスクが受容不可能になった場合は、クレジットマネージャーは与信限度を取り消さなければならない。」

次の例はローン契約からとられたものだが、保証人が営業停止すること等は、想定外の事象なので、'when' を使うのは不適切である。'if' として訳してある。

Borrower shall promptly notify Lender and provide Lender with other guarantees on time <u>when</u> the guarantor ceases operations, cancels registration, becomes bankrupt …

「保証人が営業を停止したり、登録を抹消したり、破産したときは、借主は貸主に迅速に通知し、適時に他の保証を提供しなければならない……」

⑶　'if' と 'when' の両方の要素が含まれている場合

次の例は起こってほしくないことと、起こることが想定されていることの両方が対象となっている（文中9条は契約違反による解除を規定している）。どちらかといえば 'when' のようだが、'if' でもよさそうである。

　When this Agreement terminates, whether pursuant to Section 9 or due to the expiration of the Term, the Parties shall reconcile the Storage Accounts as follows.

「この契約が9条に従って、または契約期間の満了によって終了したときは、当事者は以下のように貯蔵数量の突合せをしなければならない。」

次の例は秘密保持条項の効力存続についてである。白紙の状態でどちらかを決めるとしたら 'if' とするところかもしれないが、規定されている事項は、想定内のことも含んでおり、'when' でも問題はないと思われる。

　The Parties agree that this clause（Confidentiality）shall remain ⟨→ remains⟩ valid, even when this Agreement is modified, cancelled or terminated.

「当事者は、本契約が、修正され、または解除されても、本条（守秘義務）は効力を持続することに合意する。」

次の例は直接の例文ではないが、この2つの言葉の意味・用法をよく理解して、特徴のある方法で使っているので掲載しておく。ただしスラッシュ（／）を使うことは、ちょうど 'and/or' の場合のように、批判のありうるところである。

　The Company shall decide if/when it may wish to offer an Award to Qualifying Employees.

　「会社は資格を有する従業員に報償を提供するかどうか／提供するとしたらいつ与えるか、を決めなければならない。」

　なお 'if and when' という表現があるが、矛盾することが少なくないので、両方使わなければ意図が伝わらないというのでない限り、どちらか適切な方を使うよう努力すべきである。一般的なドラフティングの原則からしても、無意味に似た言葉を並べることは推奨できない。
　次の例は解除条項なので、'if' だけで十分である。

　　Prior to the Closing Date, <u>if and when</u> any of the following circumstances arises, any Party may rescind this Agreement by giving written notice to the other Parties:
　「クロージング日の前に、もし以下のいずれかの事由が発生した場合は、いずれの当事者も他の当事者全員に書面の通知を出すことによって、本契約を解除することができる：」

　次の例は Canadian GAAP に対する信頼度の問題かもしれないが、規定されているようなことがよく起こるなら 'when'、稀にしか発生しないことなら 'if' であろう。

　　<u>If and when</u> Canadian GAAP does not address an accounting issue, then generally accepted accounting principles in the United States <u>will apply</u> 〈→ apply〉.
　「もしカナダの GAAP が、何らかの会計上の問題に対する答えを持たない場合は、アメリカの GAAP を適用する。」

　次の例もどちらでもありうるが、特に消極的な事象ではないので 'when' でよいと思われる。ただし子会社であることがほぼ確定的で、そうではなくなることは想定していないというのなら、「万が一子会社から外れるようなことがあったら」という意味で、'if' が正当化されうる。

　　The licenses granted by Licensor to Licensee may be sublicensed by

Licensee to an Affiliate of Licensee without any requirement of consent,
provided that such sublicense <u>will immediately terminate</u>⟨→immediately
terminates⟩ <u>if and when</u> such party ceases to be an Affiliate of Licensee.

　「ライセンサーによってライセンシーに供与されたライセンスは、同意を要す
ることなくライセンシーの子会社には、サブライセンスすることができる、た
だし当該サブライセンスは、当該当事者がライセンシーの子会社でなくなった
ときは、直ちに終了する。」

⑷　'if' と 'when' に代わる 'where'

　時に 'where' が、'in the case in which' 'in a case in which' 'in a situation in
which'、つまり「……のような場合」という意味で使われることがある。'if'
で置き換えられそうな内容の場合もあれば、'when' の方が適当と思われる場
合もある。'where' には今まで述べたような、想定されないことに 'if'、起こる
べきことが起こった時に 'when' というほど厳密な使い分けはないようである。
ただ、積極的に 'where' を使うことが勧められるわけではない。

　次の2例は置き換えるなら 'if' であろう。いずれも、万が一発生した場合に
ついて規定しているからである。

　Any dispute between both parties shall be first settled via friendly
negotiation; <u>where</u> such negotiation fails, the following method shall
apply:

　「当事者間の紛争はまず友好的な協議を通じて解決されるものとする；もし交
渉が成立しなかったら、以下の方法によるものとする：」

　<u>Where</u> any provision is held to be invalid, illegal or unenforceable
under any applicable law or regulation, the validity, legality and
enforceability of the remaining provisions hereof <u>shall in no way be</u>
⟨→ are in no way⟩ affected.

　「もしいずれかの条項が、適用される法や規則の下で、無効、違法、または強
行不能とされたとしても、本契約の残余の条項の有効性、合法性、および強行
可能性は、些かも影響を受けるものではない。」

次の 3 例は置き換えるなら 'when' であろう。

Where the technical standards of the manufacturer are superior to industrial technical standards, the technical standards of the manufacturer shall prevail 〈→ prevail〉.
「製造者の技術基準が業界の技術基準を上回る場合は、製造者のそれによる。」

どちらの基準が他を上回るかわからないが、必ず優劣があるはずなので、差異の存在することは想定内だからである。さらに製造者の基準が業界のそれに勝ることは、当事者にとって歓迎すべきことでもある。'if' とすると、製造者の技術基準が業界のそれを上回ることはまずないが、といっているに等しくなり、当事者の気持ちを損ねるだろう。

Where the context admits, the singular includes the plural and vice versa, and words importing any gender include the other gender.
「文脈が許す場合は、単数形は複数形を含み、逆もそのとおり、またある性を意味する語は他の性の意味をも持つものとする。」

次の規定もむしろ起こることを期待している場合といえる。

Where appropriate and commercially reasonable, Supplier will conduct technical seminars for existing and potential users and provide training for sales and services related to the Products for the benefit of Distributor's employees.
「適当で、かつ商業的にも認められるなら、サプライヤーは既存、および想定ユーザーのために技術セミナーを開催し、代理店の従業員の利益のために、商品に関する販売、およびサービスの訓練を施す。」

索引（和文）

く

け

こ

さ

索引 （英文）

■著　者──
中村秀雄（なかむら・ひでお）
　小樽商科大学特認名誉教授
　1972年3月　　神戸大学法学部卒業
　　　　4月　　丸紅㈱入社
　1974年　　　　米国ミシガン大学ロースクール（1975年 LL.M.）
　2001年3月　　丸紅㈱退職
　2001年〜　　　小樽商科大学教授
　2013年　　　　小樽商科大学特認名誉教授
　2013年〜　　　神戸学院大学教授
　2017年〜2020年　甲子園大学学長
《主著書》
『新訂版 英文契約書作成のキーポイント』（2006年）、『英文契約書修正のキーポイント』
（2009年）（いずれも 商事法務）、『国際商取引契約 ── 英国法にもとづく分析』（有斐閣、
2004年）、『英文契約書取扱説明書 ── 国際取引契約入門』（民事法研究会、2012年）、『国際
交渉の法律英語 ── そのまま文書化できる戦略的表現』（野口ジュディー英文監修）（日本評
論社、2017年）など。

国際契約の英文法
2023年8月10日　第1版第1刷発行

著　　者──中村秀雄
発行所　──株式会社　日本評論社
　　　　　　〒170-8474 東京都豊島区南大塚 3-12- 4　https://www.nippyo.co.jp/
　　　　　　電話（fax）　販売／03-3987-8621（-8590）　編集／03-3987-8631（-8596）
　　　　　　振替　00100-3-16
印　　刷──精文堂印刷株式会社
製　　本──牧製本印刷株式会社
© NAKAMURA, Hideo　2023　　　　　　　　　　　　　　　　　　Printed in Japan

ISBN 978-4-535-52646-4　　　　　　　　　　　ブックデザイン：末吉亮（図工ファイブ）
|JCOPY| 〈㈳出版者著作権管理機構 委託出版物〉
本書の無断複写は著作権法上での例外を除き禁じられています。複写される場合は、そのつど事前に、㈳出版者著作権管理機
構（電話 03-5244-5088、FAX 03-5244-5089、e-mail: info@jcopy.or.jp）の許諾を得てください。また、本書を代行業者等の第三
者に依頼してスキャニング等の行為によりデジタル化することは、個人の家庭内の利用であっても、一切認められておりません。